Rolf Lohberg · Theo Lutz

NOCH MEHR BASIC-SPASS

SCHREIBERs
SCHLÜSSEL ZUR COMPUTERWELT

Rolf Lohberg · Theo Lutz

NOCH MEHR BASIC-SPASS

Illustrationen: Gerhard Utecht

Verlag J. F. Schreiber · Esslingen

Inhalt

CIP-Kurztitelaufnahme der Deutschen Bibliothek

Lohberg, Rolf:
Noch mehr BASIC-Spaß / Rolf Lohberg ; Theo Lutz. –
Esslingen : Schreiber
(Schreibers Schlüssel zur Computerwelt)
ISBN 3-480-13207-3
NE: Lutz, Theo:

Umschlaggestaltung: Claus Fritzmann
ISBN 3-480-13207-3

Vorwort

Manch einer hat einen Heimcomputer und keine Programme. Andere hätten gerne mehr Programme für ihren Heimcomputer. Hier in diesem Buch finden Sie zwölf Probleme, je eines auf einer Doppelseite; dazu fertig ausgetestete Programme und jeweils eine Betriebsanleitung. Die Programme sind allesamt in einem sehr einfachen BASIC geschrieben. Sie liefen bereits auf einem Taschen-Heimcomputer. Der kann 26 BASIC-Variable mit je sieben Zeichen und (im Austausch mit 1424 Programmschritten) zusätzlich bis zu weiteren 178 Variable speichern. Das geht nach dem Motto: Je kleiner das Programm, desto mehr Daten. Sie werden sich wundern, was man aus so einem relativ kleinen Elektronenknecht alles herausholen kann.
Daß diese zwölf Programme unter diesen Bedingungen erst recht auf einem größeren Gerät laufen, versteht sich von selbst. Fast alle unsere Programme kann man erweitern und ausbauen, vor allem, wenn man einen größeren Computer hat. Das Buch liefert dazu Tips und Hinweise und erklärt Ihnen auch den Hintergrund der Probleme. Es ist also eine Art Werkstattbuch.
Wenn Sie selbst kein BASIC-Experte sind, so ist das alles andere als schlimm. Aber es schadet auch nichts, wenn Sie wenigstens ein bißchen etwas von dieser Sprache wissen. Jedenfalls haben wir die Programme ganz absichtlich von Raffinessen und Taschenspielertricks freigehalten, die möglicherweise sehr elegant sind, aber verhindern, daß man versteht, was das Programm im Einzelnen tut. Solche Dinge können Sie später selbst einbringen. Wenn beispielsweise unser Simulationsprogramm für einen Straßenverkehr nur zwei Kreuzungen enthält, so ist es Ihnen unbenommen, daraus das gesamte Autobahnnetz zwischen Hamburg und München zu machen. Daß Sie dabei Ihre BASIC-Kenntnisse kräftig vertiefen, versteht sich von selbst.
Damit kann's losgehen: Viel Spaß mit unseren Programmen auf Ihrem eigenen Heimcomputer!

Zwölfmal BASIC

Die Idee dieses kleinen Buches ist, Ihnen, verehrter Leser, zwölf Programme zu liefern, die Sie nicht selbst programmieren müssen. Sie tippen sie in Ihren Computer ein.
Ob dann alles richtig läuft, ist allerdings nicht sicher. Zwar sind alle Programme einmal auf einem Computer gelaufen. Sie sind auch getestet und ausprobiert. Aber der direkte Bruder des Druckfehlerteufels ist der Programmfehlerteufel. Grämen Sie sich also nicht, wenn es beim einen oder andern dieser Programme noch etwas zu tun gibt!
Damit Sie jedoch möglichst große Freude an diesen Programmen haben, haben wir Ihnen soviel Stoff wie irgend möglich dazugepackt. Letztlich ist es ja unser Ziel, Sie sicherer im Umgang mit Programmen zu machen.
Daß wir BASIC als Programmiersprache gewählt haben, hat seinen Grund darin, daß diese Sprache von den meisten Heimcomputern und auch von vielen programmierbaren Taschenrechnern verstanden wird.

So ist das Buch aufgebaut
Dies hier ist eine Art von Werkstattbuch. Es gibt Ihnen Material sowie handfeste Tips, wie man damit umgeht. Sie brauchen einen Computer, der die Computer-Sprache BASIC kann. Das von uns benutzte BASIC ist sehr elementar. Wenn Sie finden, daß wir zu schlichte Programme formuliert haben, sollten Sie wissen, daß wir die Programme möglichst verständlich und durchsichtig halten wollten. Auf jeder Doppelseite ist ein Problemchen dargestellt, das programmiert ist. Ein Text enthält konkrete Zahlen und Formeln. In einem weiteren Text steckt die Idee, nach der das Programm gestaltet ist.
Zu jedem Programm gibt es einen Kommentar, in dem die wichtigsten Schritte erklärt sind, und meist auch Testdaten, damit Sie sich versichern können, ob das korrekt eingetippte Programm das tut, was Sie sich vorstellen.

So gehen Sie vor
Wenn Sie sich mit einem Programm befassen wollen, ist es am besten, wenn Sie es gleich in Ihren Computer eintippen. Vergessen Sie nicht, vorher den Programmspeicher (NEW) und den Datenspeicher (CLEAR) zu löschen! Damit vermeiden Sie Ärger.
Da weder Sie garantieren können, daß Sie sich nicht insgeheim vertippt haben, noch wir, daß sich nicht irgend ein Fehler eingeschlichen hat, müssen Sie das Programm testen. Dabei sollen Ihnen die Testdaten helfen, die wir mitliefern.
Wenn Ihr Computer einen Kassetten- oder Diskettenspeicher zur Sicherung von Programmen hat, sollten Sie das getestete und funktionierende Programm in ihre Bibliothek übernehmen, damit Sie es, wenn Sie es brauchen, nicht immer wieder eintippen müssen.

Testhilfen
Fast alle Computer, auch die kleinen im Taschenrechnerformat, haben Hilfen für das Testen, das Fehlersuchen und das Verfolgen des Programmablaufes im Einzelnen. Zwei Fachausdrücke sollten Sie kennen: DEBUG und TRACE.
DEBUG ist echt amerikanisch und heißt wortwörtlich nichts anderes als »entlausen«. Die Läuse, um die es geht, sind die Fehler im Programm. TRACE ist das englische Wort für »Spur«. Man verfolgt damit den Ablauf eines Programmes.
»Debugging« geht beispielsweise so vor sich, daß man das Programm mit dem Kommando DEBUG startet. Dann kann man Befehl um Befehl durchgehen und prüfen, welche Werte in den betroffenen Variablen zu finden sind und was der betreffende Befehl sonst noch bewirkt. Testen ist mühsam, aber unentbehrlich.

Was sind BASIC-Dialekte?
BASIC ist eine relativ alte Programmiersprache; es stammt aus den sechziger Jahren. Ursprünglich sollte BASIC sehr einfach gehalten werden, nur wenige, aber schlagkräftige Befehle enthalten und vor allem für Unterrichtszwecke Verwendung finden.
Als die kleinen Rechner und die Mikroprozessoren aufkamen, zeigte sich, daß BASIC für kleine Maschinen nachgerade ideal war. Die Übersetzung von BASIC-Programmen in eine Maschinensprache macht weit weniger Aufwand als bei anderen Programmiersprachen.
Mit der Ausweitung der Datenverarbeitung und der weiteren Entwicklung der Computer mußte auch BASIC weiterentwickelt werden. Und nun begann die Sprachverwirrung: Der eine Hersteller fügte dies hinzu, der andere jenes. Heute gibt es zwar einen festen BASIC-Kern, aber dieser ist nach vielen Richtungen ausgeweitet und damit auch ausufernd. Es gibt also viele BASIC-Dialekte. Wieviele es inzwischen sind, ist kaum festzustellen. Leicht kann einem passieren, daß ein Programm, das auf dem einen Computer munter schnurrt, auf einem andern gar nicht läuft.

Wie weit stört uns hier ein BASIC-Dialekt?
Der Verdacht, daß man an einen abweichenden BASIC-Dialekt geraten ist, liegt immer dann vor, wenn ein korrekt eingegebenes Programm nicht läuft. Es bleibt mitten in einem Befehl hängen. Handelt es sich um ein ausgedehntes BASIC-Programm, so gibt es einem oft von sich aus Fehlerhinweise. Möglicherweise weiß man dann auch schon Bescheid über die Dialektabweichung.
Wenn nicht, muß man im Handbuch nachlesen. Man sucht die genaue Beschreibung des betreffenden Befehles, prüft Zeichen um Zeichen, wo die Abweichung liegt. Oft ist es nur eine Kleinigkeit.
Wir haben bei unseren Programmen ein BASIC verwendet, das sich mit den meisten Dialekten verträgt. Es dürfte also eigentlich nicht auftreten, daß Ihr Computer ein Schlüsselwort nicht kennt, das wir benutzt haben.

Das Handbuch
Zum Umgang mit einem Computer und einer Programmiersprache gehört ein griffbereites Handbuch. Zwar lieben es viele Leute, spielerisch mit Mißverständnissen fertig zu werden. Aber das kostet oft viel Zeit, die man bei guter Kenntnis seines Handbuches geschenkt bekommt. Im übrigen ist Ihr Computer nur so gut wie das Handbuch, das ihn beschreibt. Das gilt auch für Ihr BASIC.

Diese Programme stehen auf Seite

Ein bißchen BASIC

BASIC ist eine »höhere Programmiersprache«. Sie ist für den Endbenutzer da, auch für Anfänger beim Programmieren. Daher kommt ihr Name: »basic« bedeutet »fundamental«. Die Sprache ist sehr einfach gehalten, aber sie kann dennoch nicht immer einfach zu lernen sein. Vor allem dann nicht, wenn das, was man mit ihr darstellen will, nicht einfach ist.
Es ist kaum möglich, im Rahmen dieses Büchleins auch noch eine Einführung in BASIC zu geben. Dazu gibt es Besseres (beispielsweise in der selben Reihe: »BASIC – programmieren – ganz einfach«).
Deshalb sollen diese zwei Seiten hier vor allem der Auffrischung dienen – BASIC auf einen Blick. Sie finden die wichtigsten Begriffe von BASIC zusammengestellt. Dazu gehören auch die Schlüsselwörter, die in den Programmen auftreten.

Programme, Befehle und Anweisungen
Ein BASIC-Programm besteht aus einzelnen Befehlen. Jeden Befehl schreibt man in eine Zeile, jede Zeile beginnt mit einer Nummer: der Befehls- oder Zeilennummer. Die Befehle werden in der Reihenfolge der Befehlsnummern durchgeführt. Numeriert man die Befehle nicht in lückenloser Reihe, sondern in Zehnerschritten, so stört das den Computer nicht – aber man selbst hat Vorteile: Man kann bei Bedarf weitere Befehle einfügen.
Zu einem Befehl gehören auch ein oder mehrere Befehlswörter oder Schlüsselwörter. Sie werden in BASIC ausgedrückt und sind Anweisungen an den Computer. Sie stammen aus dem Englischen; man muß lernen, was sie bedeuten und wie man sie benutzt.
Schließlich gehören zu einem Befehl Daten und Datennamen. Datennamen werden auch »Variable« genannt, weil man ihnen mal diesen, mal jenen Wert zuweisen kann. Feste Daten, die sich nicht ändern, heißen »Konstante«.

Daten sind Zahlen oder Literale
Daten sind Aufzeichnungen, Angaben oder Werte. Sie können aus Zahlen oder Nummern bestehen, dann nennt man sie »numerisch«. Bestehen sie aus Buchstaben und sonstigen Zeichen, heißen sie »alphanumerisch«. Ein alphanumerisches Datum (»Datum« ist die Einzahl von »Daten«) wird auch »Literal« genannt. Literale setzt man in BASIC immer zwischen Gänsefüßchen, Zahlen und Nummern schreibt man wie üblich – mit einem Dezimalpunkt.

Namen für Daten
Daten – Zahlen oder Literale –, die im Lauf des Programmes ihren Wert ändern können, nennt man Variable. Sie bekommen einen Namen, zu dem dann der gerade gültige Wert gehört.
Numerische Variable – also solche für Zahlenwerte – benennt man mit einem Buchstaben oder mit einem Buchstaben und einer dicht darauf folgenden Nummer: K15 oder F oder B3.
Alphanumerische Variable – sogenannte Literale – benennt man mit Namen, die aus einem Buchstaben oder einem Buchstaben und einer Zahl bestehen, auf die lückenlos ein Dollarzeichen folgt: A$ oder G18$ oder B3$.
Wir halten uns bei unseren Programmen fest an diese Regel. Wieviele Variable es bei Ihrem BASIC gibt, wieviele Zeichen oder Ziffern eine Variable maximal aufnehmen kann, steht in Ihrem Handbuch.

Formeln, Ausdrücke und der Befehl LET

»Ausdrücke« sind sinnvolle Gebilde aus Variablennamen, Konstanten, Klammern und Zeichen wie + (plus), – (minus), * (mal) oder / (durch). In einem solchen Ausdruck werden die Zahlenwerte zusammengefaßt. Alle Variable, die in einem Ausdruck auftreten, müssen vorher im Ablauf des Programmes mit einem Wert versehen worden sein. Soll M mit dem Wert –3.14 geladen werden, so schreibt man (etwa bei 150) den Befehl

150 M = –3.14

Die Verwendung des Gleichheitszeichens nennt man hier »Zuweisung«. Hinter dem Gleichheitszeichen darf auch ein Ausdruck stehen. Dann nennt man es eine »Formel«. Wenn Formeln in Befehlen auftreten, muß vor der Formel das Wort LET stehen.

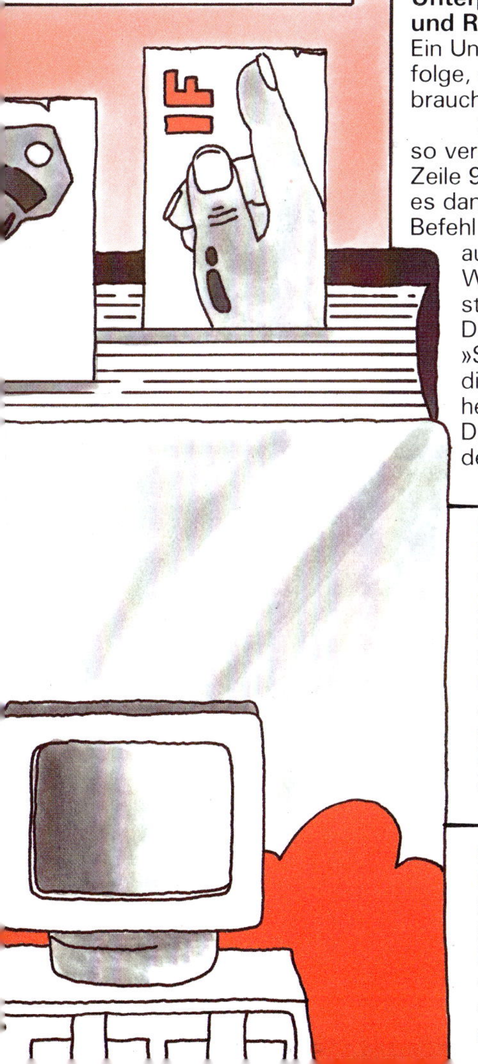

Schleifen oder die Befehlswörter FOR, TO und NEXT

Wenn ein und dieselbe Befehlsfolge öfter durchlaufen werden muß, ist das eine »Programmschleife«. Eine Schleife, die zehnmal durchlaufen werden soll, beginnt in BASIC (etwa in der Zeile 250) mit

250 FOR N = 1 TO 10

und sie könnte in Zeile 350 enden:

350 NEXT N

Diese Programmierung bewirkt, daß alle Befehle zwischen 250 und 350 zehnmal durchgeführt werden. Bei jedem Durchlauf wird der Schleifenzähler (der hier N heißt) um 1 erhöht.

Verzweigen oder der Befehl GOTO

Schreibt man in Zeile 750 den Befehl

750 GOTO 100

so macht das Programm mit dem Befehl weiter, der in Zeile 100 steht. Man nennt das eine »absolute Verzweigung«.

Unterprogramme oder GOSUB und RETURN

Ein Unterprogramm ist eine Befehlsfolge, die man mal da, mal dort brauchen kann. Lautet der Befehl

310 GOSUB 900

so verzweigt das Programm nach Zeile 900 und fährt dort fort. Stößt es dann (etwa in Zeile 990) auf den Befehl RETURN, so springt es zurück auf die Befehlszeile nach 310. Was zwischen 900 und 990 steht, ist das Unterprogramm. Das englische Wort dafür heißt »Subroutine«; daher kommt die Abkürzung SUB. GOSUB heißt ›Geh zum Unterprogramm‹. Das Wort RETURN heißt auf deutsch ›Kehre zurück!‹.

Bemerkungen mit REM

Es ist sehr zweckmäßig, wenn man innerhalb eines Programms immer wieder Zeilen unterbringen kann, die keine Befehle, sondern nur Bemerkungen darstellen. Aus dem englischen Wort dafür, ›remark‹, kommt das Befehlswort REM:

390 REM ES FOLGT
PROGRAMMTEIL B

STOP und END

Es kann sinnvoll sein, anzuzeigen, ob ein Programm zu Ende ist. STOP setzt ein logisches Programmende – der Computer soll aufhören –, END ein physisches: Es gibt keine Befehle mehr.

Bedingt verzweigen oder das Befehlswort IF

Oft muß man prüfen, ob eine Variable einen bestimmten Wert hat. Soll von einem KONTO ein BETRAG abgehoben werden, so geht das nur, wenn genügend Geld auf jenem Konto ist. Mit dem Befehl

520 IF (KONTO-BETRAG =0)
GOTO 730

prüft der Computer (IF heißt auf Deutsch »wenn«), ob die Differenz zwischen Kontenstand und abzubuchendem Betrag Null oder gar negativ ist. Ist dies der Fall, das Konto also leer, so geht das Programm in Zeile 730 weiter. Sonst kommt als nächster Befehl ganz normal 521.

Eingeben oder INPUT

Mit dem Befehl INPUT sagt der Computer, daß er Daten eingegeben haben will. Schreibt man in Zeile 470 den Befehl

470 INPUT »BITTE BETRAG
B EINGEBEN«;B

so stoppt das Programm, wenn es zur Zeile 470 kommt und druckt den Kommentar »BITTE B EINGEBEN« oder zeigt ihn auf dem Bildschirm.
Tippt man jetzt eine Zahl ein, so wird diese dem Buchstaben B zugewiesen und das Programm fährt fort.

Ausgeben oder PRINT

Schreibt jemand in Zeile 770 den Befehl

770 PRINT »BETRAG B = «;B

so druckt der Computer (oder zeigt auf seinem Bildschirm) das, was in B gespeichert ist – zusammen mit dem Kommentar im Druckbefehl PRINT.

BASIC-Dialekte und das Handbuch

Es gibt heute nicht nur ein BASIC, sondern viele BASIC-Dialekte. Für den Profi ist das eine Herausforderung: wenn das eingetippte Programm nicht läuft, kann das ein Tippfehler sein, ein Irrtum im Programm, ein Programmierfehler, ein Mißverständnis oder eine Dialektabweichung. Es gibt zwei Schiedsrichter: das Handbuch und den Computer. Lassen Sie sich nicht entmutigen, wenn das Programm nicht gleich funktioniert! Jetzt kommt spannende Detektivarbeit. Wo steckt der Teufel, den man fangen will? Im Detail, wie immer.

Vom Fuchs und von den Hasen

Viele Füchse sind des Hasen Tod.
In alten Schulbüchern gibt es Rechenaufgaben: Wie lange braucht der schnellere Fuchs, um den Hasen zu fangen?
In modernen Schulbüchern stehen andere Rechnungen: Auf einer Insel leben Hasen und Füchse. Hasenfutter gibt es unbegrenzt, so daß sich die Hasen jährlich um einen stattlichen Prozentsatz vermehren können.
Auf der Insel leben aber auch Füchse – und zwar davon, daß sie Hasen fressen. Wenn es viele Hasen gibt, vermehren sich die Füchse. Je mehr Füchse es gibt, desto mehr Hasen verschwinden. Wenn es aber weniger Hasen gibt, nimmt auch die Zahl der Füchse ab: sie verhungern.

Was wir eben in Worten geschildert haben, muß man zuerst in Zahlen fassen. Das gibt Formeln. Die kann man programmieren. So entsteht im Computer ein Modell, das die Entwicklung der Hasen-Fuchs-Population simuliert. Man kann dann mit dem Computer studieren, was passiert, wenn die Zahlen im Modell geändert werden.

Zahlen für das Modell
Unser Programm geht davon aus, daß zu Beginn auf der Insel H Stück Hasen und F Stück Füchse leben. Am Ende eines jeden Jahres gibt es 40% mehr Hasen. Aber von den H Hasen werden auch $H \times F/250$ Stück Hasen gefressen. (250 ist eine Art Freßfaktor). Wenn man zu Beginn eines Jahres H Hasen und F Füchse hat, so sind das für das nächste Jahr X Hasen – nach folgender Formel:

$$X = H + H \times 40/100 - H \times F/250$$

Nun die Füchse: Der Prozentsatz, nach dem sie wachsen und sterben, ist $(H/5 - 30)\%$. Aus H Hasen und F Füchsen werden übers Jahr Y Füchse:

$$Y = F + F \times (H/5 - 30)/100$$

Nach diesen Formeln kann man Jahr für Jahr die Fuchs- und Hasen-Population fortrechnen.

So sieht das Programm aus
Das Programm verlangt im Eingabeteil (INPUT) die Hasenzahl H, die Fuchszahl F und die Zahl der Jahre J.
Eine FOR-Schleife läuft von 1 bis J. In ihr werden aus den Hasen (H) und Füchsen (F) des Vorjahres die Hasen (X) und Füchse (Y) des neuen Jahres (N). Man berechnet sie nach den zwei Formeln links, nimmt aber vom errechneten X und Y immer nur den Anteil vor dem Dezimalpunkt (INT), weil es keine geteilten Tiere gibt.
Dann werden N, X und Y ausgedruckt (PRINT).
Wenn man negative Tiere in Kauf nehmen will, kann man das FOR bis zum Endpunkt J laufen lassen. Besser prüft man, ob X und Y noch größer als Null sind – und fährt nur dann fort.
Vorher muß man aber aus den alten Tieren neue machen – aus H die Zahl X, aus F die Zahl Y (H=X und F=Y). Dann kann man die FOR-Schleife mit dem Befehl NEXT N abschließen.

Der Kommentar zum Programm

Die Befehle mit den Nummern zwischen 20 und 50 dienen dazu, die Anfangswerte unserer Hasen-Fuchs-Geschichte einzugeben und gleichzeitig zu protokollieren – damit man später weiß, woran man ist. Was in einem Jahr passiert, steht zwischen den Befehlen 100 (FOR) und 300 (NEXT). Wir arbeiten mit einer FOR-Schleife, die J-mal durchlaufen werden soll. In 110 und 120 sind die Formeln des Modells programmiert.
Zwischen 150 und 156 wird geprüft, ob Hasen übrigbleiben. Wenn ja, geht das Programm weiter zur Prüfung, ob Füchse überlebt haben. Ohne lebende Hasen wird der Zähler N für die FOR-Schleife auf ENDE, also auf J gesetzt; nun wird der Druckbefehl angesteuert, der dann keine oder nur tote Hasen ausweist. Zwischen 160 und 166 passiert dasselbe für die Füchse.
Die Befehle 200 und 210 bereiten auf das nächste Jahr vor. Dann wird mit 250 das errechnete Jahr ausgedruckt. Mit 300 geht es in die nächste Runde, wenn man noch nicht bei J ist.

Das Programm

```
 10 REM »FUCHS UND HASE POPULATION«
 20 INPUT »HASEN?ƀ«;H
 25 PRINT »HASEN:ƀ«,H
 30 INPUT »FUECHSE?ƀ«;F
 35 PRINT »FUECHSE:ƀ«,F
 40 INPUT »JAHRE?ƀ«;J
 45 PRINT »JAHRE:ƀ«, J
 50 PRINT »ƀ«

100 FOR N=1 TO J
110 X=INT (H+H*40/100–H*F/250)
120 Y=INT (F+F*(H/5–30)/100)

150 JFX > 0 THEN 160
155 N=J
156 GOTO 200
160 JF Y > 0 THEN 200
165 N=J
166 GOTO 200

200 H=X
210 F=Y

250 PRINT N; »ƀ«; H; »ƀ«; F

300 NEXT N
```

Programm auf dem Prüfstand

Wen Sie das Programm eingetippt haben, müssen Sie erst prüfen, ob es keine Tippfehler enthält. Mit dem Kommando LIST wird das Programm entweder ausgedruckt oder auf dem Bildschirm gezeigt. Sie sollten es sorgfältig lesen und gegebenenfalls verbessern.
Wenn Sie wissen wollen, ob das Programm richtig rechnet, müssen Sie ihm Daten anbieten, bei denen Sie vorher wissen, was herauskommt. Wenn Sie unser Programm mit 100 Hasen und 80 Füchsen fünf Jahre laufen lassen, erhalten sie folgende Tabelle:

HASEN:	100.	1.	108.	72.
FUECHSE:	80.	2.	120.	65.
JAHR:	5.	3.	136.	61.
		4.	157.	59.
		5.	182.	56.

Wenn Ihr eingetipptes Programm diese Zahlen bringt, stimmt es.

Wir ändern das Modell

Wenn Sie mit dem Modell spielen wollen, müssen Sie sich zuerst einen Standardfall schaffen. Rechnen Sie für einen längeren Zeitraum (J=20) mit H=100 und F=100 aus, was passiert! Zuerst legen die Hasen kräftig zu und die Füchse nehmen maßvoll ab. Was passiert, wenn die Hasen nur mit 30% zunehmen und die Füchse gefrässiger werden? Dazu müssen Sie im Befehl 110 aus 40 die Zahl 30 und aus 250 etwa 150 machen. Wieder beginnen Sie bei H=100 und F=100. Was passiert jetzt? Schwer zu beantworten ist die Frage, ob es ein Zahlenverhältnis gibt, bei dem sich die Menge der Hasen und Füchse stabilisiert – so, daß sich die Menge der Hasen wie die der Füchse auf eine feste Zahl einstellt. Die Hasen interessiert es natürlich, ob sie aussterben. Und die Füchse, ab wann sie verhungern.
Die spielerische Lösung solcher Fragen auf einem Computer nennt man Simulation. Sie ist zu einer wichtigen Technik in vielen Wissenschaften geworden.

Man kann das Modell ausbauen

Natürlich kann man unser Programm erheblich verbessern. Das hängt unter anderem davon ab, was für einen Computer man hat. So, wie das Programm hier abgedruckt ist, läuft es auch auf dem kleinsten Computer, weil es mit einem Minimum an BASIC auskommt. Der Komfort für die Ein- und Ausgabe ist ganz klein gehalten.

Das Kalenderprogramm

In Deutschland ist es üblich, bei einem Kalenderdatum die Reihenfolge Tag-Monat-Jahr zu benutzen. In Amerika und England macht man es anders: Monat-Tag-Jahr.
Oft möchte man wissen, wie der Wochentag heißt, dessen Nummer man hat, oder wie der Name des Monats ist. Unser Programm kann das. Es kann auch aus der Datumsnummer den Namen des Wochentages ausrechnen – allerdings nur zurück bis zum Jahr 1700. Denn der Kalender, den wir heute haben (man nennt ihn nach Papst Gregor den Gregorianischen Kalender), wurde in Deutschland erst 1700 eingeführt. Vorher herrschte Durcheinander.

Der erste April 1700 war ein Dienstag. Ausgehend von dieser Weisheit kann ein Computer Woche um Woche bis in die Gegenwart rechnen und feststellen, welcher Wochentag zu einem angegebenen Datum gehört.
Damit kann man sich seine Kalender selbst machen.

So macht man aus Zahlen Namen
Wie wird aus der Monatszahl (zwischen 1 und 12) der Monatsname? In Zeile 100 wird zur Zahl 100 das Zehnfache der Monatszahl addiert. So erhält man eine »Adresse« – für den März beispielsweise (100+10×3) die 130. Diese »Adresse« ist eben die Zeile 130. Dort steht der Befehl, der den Variablennamen O$ mit dem jeweiligen Monatsnamen lädt.
Ähnlich gehen wir vor, wenn wir den Namen des Wochentages ermitteln. Allerdings ist hier die Berechnung etwas komplizierter.

So rechnet man gregorianisch
Wenn man aus einem Datum, das nach dem 1. April 1700 liegt, den Wochentag ermitteln will, errechnet man zuerst aus den Tagen, Monaten und Jahren die Zahl der Tage seit dem Jahre Null. Dazu gibt es eine Formel, die auch die Schaltjahre und die unterschiedlichen Monatslängen berücksichtigt. Davon zieht man die Zahl 621049 ab. So viele Tage sind vom Jahre null bis zum 1. April 1700 vergangen. Die Differenz teilt man in Pakete zu 7 ein, also in ganze Wochen. Was übrigbleibt, ist die Nummer des Wochentages, Null steht dabei für Montag. Der siebte Tag ist der Sonntag, wie es die Bibel will. Wie das im einzelnen funktioniert, können Sie im Programm nachlesen.

Ein bißchen Kalendergeschichte
Unser heutiger Kalender geht davon aus, daß die Sonne ein Jahr braucht, um wieder dort zu stehen, wo sie startete. Teilt man den Sonnenumlauf in 365 Tage, so bleibt pro Jahr etwa ein Viertelstag übrig. Wenn man zur Behebung des Übels alle vier Jahre einen Schalttag einführt, kommt man dem Sonnenumlauf so nahe, daß man nur alle 3000 Jahre einen weiteren Schalttag einfügen muß.
Im Mittelalter hatte man einen Kalender, den Julius Caesar den Römern im Jahre 46 v.

Die Architektur des Kalenderprogramms

Unser Programm ist so gebaut, daß es Zahlen für Tag, Monat und Jahr verlangt. Aus der Monatszahl wird eine Adresse im Programm. Dort wird die Variable O$ mit dem entsprechenden Monatsnamen geladen. Dann geht es in den Programmteil, der das Datum im Sinn des gregorianischen Kalenders in eine Tageszahl zwischen 0 und 6 umsetzt. Auch daraus wird wieder eine Adresse, bei der die Variable A$ mit dem entsprechenden Namen für den Wochentag geladen wird.
Das Programm druckt dann eine Zeile und zeigt zuerst den Namen des Wochentages, dann die Nummer für den Tag, den Monatsnamen und schließlich das Jahr.

Einzelheiten zum Programm

Die Befehlszeilen 10 bis 30 erfragen die Werte für Tag, Monat und Jahr, ohne diese Daten zu prüfen. Das Programm rechnet also auch außerhalb des Gültigkeitsbereichs des gregorianischen Kalenders und sagt, der 31. Februar 1983 sei ein Freitag – auch wenn es diesen Tag gar nicht gibt.
In 100 wird aus der Monatsnummer eine Adresse zwischen 110 und 220. Daraus entsteht mit O$ der Monatsname.
Zwischen 300 und 350 wird das Datum in den Wochentag umgesetzt. Bis 330 werden die Monatsnummern so gleichgestellt, daß man nachher mit Durchschnittswerten rechnen kann (365,25 Tage im Jahr; 30,6 Tage im Monat).
Mit INT nimmt man nur den Zahlenteil vor dem Komma und baut damit Schaltjahre und Monatsschwankungen ein. Interessant ist Zeile 350. Mit INT(N/7) errechnet man aus N Tagen die Anzahl der Wochen. INT(N/7)+7 sagt jetzt, wieviele Tage diese Wochen haben. Subtrahiert man diese Zahl von N, so bekommt man die Resttage, die keine ganze Woche füllen: eine Zahl zwischen 0 und 6. Über die Eingänge 400 bis 460 kommt man so zum eigentlichen Wochentag. Dann sammelt sich das Programm wieder in 500, um das vollständige Datum auszudrucken.

Das Programm

```
 05 REM »DAS KALENDERPROGRAMM«
 10 INPUT »TAG«,T
 20 INPUT »MONAT«,M
 30 INPUT »JAHR«,J
 50 REM »UMRECHNEN MONAT«
100 N=100+(M*10)
105 GOTO N
110 O$=»JANUAR«:GOTO 300
120 O$=»FEBRUAR«:GOTO 300
130 O$=»MAERZ«:GOTO 300
140 O$=»APRIL«:GOTO 300
150 O$=»MAI«:GOTO 300
160 O$=»JUNI«:GOTO 300
170 O$=»JULI«:GOTO 300
180 O$=»AUGUST«:GOTO 300
190 O$=»SEPTEMBER«:GOTO 300
200 O$=»OKTOBER«:GOTO 300
210 O$=»NOVEMBER«:GOTO 300
220 O$=»DEZEMBER«:GOTO 300
250 REM »ERRECHNEN WOCHENTAG«
300 IF M-3 > 0 LET M=M+1:GOTO 330
310 M=M+13
320 J=J–1
330 N=INT(365.25*J)+INT(30.6*M)+T–621049
340 N=N–1
350 Y=((N–INT(N/7)*7)*10)+400
360 GOTO Y
400 A$=»MONTAG«:GOTO 500
410 A$=»DIENSTAG«:GOTO 500
420 A$=»MITTWOCH«:GOTO 500
430 A$=»DONNERSTAG«:GOTO 500
440 A$=»FREITAG«:GOTO 500
450 A$=»SAMSTAG«:GOTO 500
460 A$=»SONNTAG«:GOTO 500
490 REM »AUSDRUCKEN KALENDERDATUM«
500 PRINT A$; » «;T; » «;O$; » «;J
510 END
```

Das Programm wird getestet

Wegen der möglichen Tippfehler beim Eingeben des Programms muß man es, bevor man es in Gebrauch nimmt, systematisch testen. Dies ist nicht schwierig. Zwei Tests empfehlen sich.
Im ersten nimmt man einfach sieben aufeinanderfolgende Tagesdaten von Montag bis Sonntag. Damit kann man sich bestätigen lassen, ob die Berechnung des Wochentags stimmt.
Im zweiten Test prüft man anhand der zwölf Monatsersten, ob die Monatsnamen korrekt kommen. Dabei kann man noch einmal darauf achten, ob auch die dazugehörigen Wochentage stimmen.
Dann kann's losgehen. (Der 1. April 1700 war übrigens ein Dienstag.)
Kann man einen Fehler nicht direkt lokalisieren und beseitigen, so muß man sich von Hand durch das Programm arbeiten. Für jede Programmzeile errechnet man sich, was herauskommen müßte, und geht schrittweise weiter. Üblicherweise hat der Computer dazu besondere Einrichtungen. Dafür gibt es das Wort TRACE. Es bedeutet »Spur«. Gemeint ist, daß man in Einzelschritten eine Spur durchs Programm zieht.

Chr. beschert hatte: den Julianischen. In der Renaissance begann die Diskussion um einen neuen Kalender. 1582 ordnete Papst Gregor XIII. eine Kalenderreform an. So entstand der Gregorianische Kalender, der heute weltweit gilt. Im evangelischen Deutschland wurde dieser katholische Kalender allerdings erst 1700 voll akzeptiert.
Naheliegenderweise arbeitet unser Programm mit der gregorianischen Kalenderordnung. Für Jahre vor 1700 bringt es deshalb nichts. Zwar kann man mit ihm Wochentage aus der Zeit vor 1700 ermitteln. Aber ob der Tag damals so hieß, ist eine andere Frage.

Das Programm wird verfeinert

Sie können den Eingabeteil verfeinern und verbessern, indem Sie durch Prüfeinrichtungen sicherstellen, daß das Programm nur im Bereich des Gregorianischen Kalenders arbeitet. Es darf also für Deutschland nur Jahreszahlen akzeptieren, die größer sind als 1700. Bei den Tagesdaten läßt sich prüfen, ob sie im Monatsrahmen liegen. Und einen 29. Februar gibt es nur, wenn die Jahreszahl ohne Rest durch vier geteilt werden kann. Das untersucht man ähnlich, wie wir die Gesamttage für das Datum in Wochenpakete geteilt haben, um die Resttage zu bekommen. Jetzt geht es um Viererpakete: Es muß

J-INT(J/4) * 4 = 0

sein, wenn es sich um ein Schaltjahr handeln soll.

Der variierte Kalender

Eine sinnvolle Variante unseres Kalenderprogramms kann darin bestehen, daß man es zu einem Unterprogramm macht, das in den Variablen T, M und J je eine sinnvolle Zahl erwartet und dazu O$ und A$ liefert. Wo immer jetzt ein END steht, schreibt man ein RETURN. Von einem übergeordneten Programm erreicht man das Programm durch GOSUB. Dieses Unterprogramm kann man für viele Zwecke einsetzen – etwa wenn man sich einen eigenen Kalender drucken will oder seinen Kalender als Bestand im Heimcomputer führt. Dieses Problem finden Sie in unserer Reihe im Buch »Daten im Haushalt« eingehend dargestellt.

Zahlenraten mit Zufall

Das Spiel geht so: Der Computer würfelt eine zweistellige Zahl zwischen 0 und 99. Diese Zahl müssen Sie erraten; Sie haben insgesamt acht Chancen.
Eine solche Raterei gewinnt erheblich an Reiz, wenn der Computer im Lauf des Spieles Kommentare abgibt. Die wirken besonders überraschend, wenn sie nicht vorhersehbar sind: Es sind Zufallskommentare.
Immer, wenn der Computer einen Kommentar abgeben soll, würfelt man eine Ziffer zwischen 0 und 9. Kommt 5 heraus, so wird der fünfte Kommentar gedruckt.
Diese Zufallsziffern für das Würfeln von Ratezahlen und Kommentaren erzeugt man in einem sogenannten Zufallsgenerator.
Bei unserem Spiel gibt es an drei Stellen Gelegenheit zu Kommentaren: Wenn der Computer immer wieder auffordert, erneut zu raten, wenn man gewonnen oder wenn man verloren hat.

Die Skizze für das Rateprogramm
Unser Programm erzeugt zuerst eine zweistellige Zufallszahl. Sie heißt im Programm Z – wie Zufall. Da man insgesamt nur achtmal raten darf, muß ein Zähler K organisiert werden, der vor Beginn auf 0 gesetzt und bei jedem Durchlauf um eins erhöht wird. Für jeden Durchlauf wird geprüft, ob 8 noch nicht erreicht ist.
Bei jedem Durchlauf wird der Rater aufgefordert, seine Zahl einzugeben. Dies geschieht mit einem Zufallskommentar (Kommentar 01 bis 10) über ein Unterprogramm, das eine einstellige Zufallsziffer erzeugt.
Die Zahl, die geraten wird, heißt G. In jedem Durchlauf wird über ein IF das G mit Z verglichen. Ist G=Z, so hat der Rater gewonnen.
Ist G > Z, so druckt das Programm »G IST ZU GROSS«, ist G < Z, so druckt das Programm »G IST ZU KLEIN«. In beiden Fällen geht es mit einem Zufallskommentar (Kommentar 11 bis 20) in einen neuen Durchlauf.
Ist Z nach acht Durchläufen nicht korrekt erraten, so hat der Rater verloren und wird mit einem entsprechenden Kommentar bedacht (Kommentar 21 bis 30). Auch hier wird ein neues Spiel vorgeschlagen.

So macht man Zufall
Wir lassen den Computer würfeln: wir ermitteln die Ratezahl mit einem Zufallsgenerator. Der ist nichts anderes als ein Programm. Man nimmt dafür eine Ausgangszahl. Bei uns ist das die Zahl 0.3141592654 (die ersten zehn Ziffern der Kreiszahl Pi). Wenn man diese Zahl mit sich selbst multipliziert, also quadriert, das Ergebnis wieder quadriert und so fort, erhält man eine Zahlenfolge, die sehr zufällig gemischte Ziffern enthält. Quadriert man allerdings Zahlen, die zwischen Null und 1 liegen, immer weiter, so werden diese immer kleiner, bis schließlich Null herauskommt. Deshalb prüft man jedesmal, ob die Zahl, die man gerade benutzt, größer als 0.4 ist. Wenn nicht, so wird sie um 0.35 erhöht.

Die Zufallszahlen
Die Ausgangszahl Q=0.3141592654 wird durch Multiplikation mit sich selbst immer wieder in ein neues Q umgerechnet. Braucht man eine zweistellige Zufallszahl, so nimmt man die Ziffern aus der vierten und fünften Stelle hinter dem Dezimalpunkt. Braucht man nur eine Ziffer, so ist es die fünfte nach dem Dezimalpunkt. Ist Q kleiner als 0.4, so addiert man 0.35 dazu.

		Zufallszahl
Q0	0.3141592654	
Q1	0.4411075298	10
Q2	0.1945758528	7
Q3	0.2965628595	6
Q4	0.4180435313	4
Q5	0.1747603941	6
Q6	0.2753734712	7
Q7	0.3910919785	9
Q8	0.5492173206	1
Q9	0.3016396652	3

Die Zufallskommentare
Eine Zufallsziffer zwischen 0 und 9 wird mit 10 multipliziert. Die Adresse des vorangehenden Befehls (200, 400 oder 600) wird dazugezählt. Das bringt die Adresse des Kommentars, den man in eine Variable N steckt.

```
Das Programm
005 REM » ZAHLENRATEN MIT ZUFALLS-
    KOMMENTAREN«
010 PRINT »RATEN SIE EINE ZAHL ZWISCHEN
    0 UND 99«
020 PRINT »SIE DUERFEN 8 MAL RATEN«
030 PRINT »GEBEN SIE ZUERST EINE ZAHL
    ZWISCHEN 0 UND 0.3 EIN«
040 INPUT T
050 Q=0.3141592654
060 Q=Q+T
065 REM »DIE RATEZAHL WIRD GEWUERFELT«
070 IF(Q < =0.4) LET Q=Q+0.35
071 Q=Q*Q
072 R=INT(Q*100000)
073 S=INT(Q*1000)*100
074 Z=R–S

095 REM »DAS SPIEL BEGINNT«
100 K=0
110 IF (K > =8): GOTO 600
120 K=K+1
130 GOSUB 900
140 N=N*10+200
150 GOTO N
195 REM »10 KOMMENTARE ZUR ZUFALLS-
    AUSWAHL«
200 PRINT »KOMMENTAR 01 ›RATEN SIE
    JETZT‹« : GOTO 300
210 PRINT »KOMMENTAR 02« : GOTO 300
220 PRINT »KOMMENTAR 03« : GOTO 300
230 PRINT »KOMMENTAR 04« : GOTO 300
240 PRINT »KOMMENTAR 05« : GOTO 300
250 PRINT »KOMMENTAR 06« : GOTO 300
260 PRINT »KOMMENTAR 07« : GOTO 300
270 PRINT »KOMMENTAR 08« : GOTO 300
280 PRINT »KOMMENTAR 09« : GOTO 300
290 PRINT »KOMMENTAR 10« : GOTO 300
300 INPUT G
310 IF (G=Z) : GOTO 400
320 IF (G > Z) : GOTO 350
330 PRINT G;» IST ZU KLEIN«
340 GOTO 110
350 PRINT G;» IST ZU GROSS«
360 GOTO 110

400 REM »KOMMENTARE ZUM THEMA
    GEWONNEN«
410 GOSUB 900
420 N=N*10+440
430 GOTO N
440 PRINT »KOMMENTAR 11, THEMA
    GEWONNEN« : GOTO 550
450 PRINT »KOMMENTAR 12« : GOTO 550
460 PRINT »KOMMENTAR 13« : GOTO 550
470 PRINT »KOMMENTAR 14« : GOTO 550
480 PRINT »KOMMENTAR 15« : GOTO 550
490 PRINT »KOMMENTAR 16« : GOTO 550
500 PRINT »KOMMENTAR 17« : GOTO 550
510 PRINT »KOMMENTAR 18« : GOTO 550
520 PRINT »KOMMENTAR 19« : GOTO 550
530 PRINT »KOMMENTAR 20« : GOTO 550
550 PRINT »IMMERHIN MUSSTEN SIE »;K«
    MAL RATEN«
560 GOTO 800

600 REM »KOMMENTARE ZUM THEMA
    VERLOREN«
610 GOSUB 900
620 N=N*10+640
630 GOTO N
640 PRINT »KOMMENTAR 21, THEMA VER-
    LOREN« : GOTO 750
650 PRINT »KOMMENTAR 22« : GOTO 750
660 PRINT »KOMMENTAR 23« : GOTO 750
670 PRINT »KOMMENTAR 24« : GOTO 750
680 PRINT »KOMMENTAR 25« : GOTO 750
690 PRINT »KOMMENTAR 26« : GOTO 750
700 PRINT »KOMMENTAR 27« : GOTO 750
710 PRINT »KOMMENTAR 28« : GOTO 750
720 PRINT »KOMMENTAR 29« : GOTO 750
730 PRINT »KOMMENTAR 30« : GOTO 750
750 PRINT »MEINE ZAHL WAR UEBRIGENS «;Z
760 GOTO 800

800 REM »JETZT KOMMT DIE NAECHSTE
    RUNDE«
810 PRINT »NEUES SPIEL? 1=JA, 0=NEIN«
820 INPUT B
830 IF (B=0) GOTO 850
840 GOTO 70
850 PRINT »SIE HABEN WOHL KEIN VERTRAUEN
    ZU SICH!«
860 STOP
870 END

895 REM »DAS IST DER ZUFALLSGENERATOR«
900 IF (Q < =0.4) LET Q=Q+0.35
910 Q=Q*Q
920 R=INT(Q*100000)
930 S=INT(Q*10000)*10
940 N=R–S
950 RETURN
```

Der Kommentar zum Programm

Zwischen den Zeilen 005 und 074 wird für Q ein Anfangswert genommen. Ab 070 entsteht die Ratezahl Z. In Zeile 100 wird der Durchlaufzähler gesetzt (K=0). Zeile 110 ist der Einstieg für einen Durchlauf. Deshalb wird hier geprüft, ob nicht bereits acht Versuche gemacht wurden.
In Zeile 120 wird der aktuelle Durchlauf numeriert und ein Zufallskommentar abgegeben, der zum Raten auffordern soll. Geraten wird in Befehl 300 (INPUT G). Ist die Ratezahl gefunden, wird von 300 nach 400 verzweigt. Ansonsten wird geprüft, ob zu hoch oder zu niedrig geraten wurde, und bei 110 der nächste Durchlauf angesetzt.
Zwischen 900 und 950 steht der Zufallsgenerator. Da er mit denselben Variablen arbeitet (R, S, N, Q) wie der Generator, der Z erzeugt, wird zusätzlicher Zufall erzeugt.

Das erweiterte Programm

Das vorliegende Programm kann man an vielen Stellen erweitern und ergänzen. Will man die Vielzahl der Kommentare erhöhen, so braucht man Zufallsgeneratoren mit zwei oder mehr Ziffern. Wie das geht, sehen Sie zwischen den Befehlszeilen 065 und 074. Dabei sind 100 Zufallsereignisse möglich. Will man weniger als 100, aber mehr als 10, so muß man umrechnen. Produziert beispielsweise der Generator 100 Ereignisse zwischen 00 und 99, so dividiert man jede erzeugte Zahl durch 4 und bekommt so 25 Ereignisse zwischen 00 und 24. Der Divisionsbefehl heißt

M=INT(Z/4)

Z ist eine umzurechnende Zufallszahl und M darf nur ganzzahlig sein. Man muß allerdings testen, ob alle Ziffern noch gleich häufig auftreten.

Testen ist ein Problem

Da der Aufbau unseres Programms relativ schlicht ist, wäre das Testen nicht schwer – wenn wir nicht den Zufall einprogrammiert hätten. Und da man diesen nicht vorhersagen kann, ist ein systematischer Test langwierig. Am besten ist es, wenn Sie nach der TRACE-Methode Befehl um Befehl so lange durchs Programm verfolgen und dabei mitrechnen, bis Sie einigermaßen sicher sind, daß die Steuerung für die acht Durchläufe korrekt arbeitet.

Der Zufallsgenerator

Oft hat BASIC einen Zufallsgenerator (sehen Sie unter RANDOM im Handbuch nach – »random« heißt »zufällig«). Wenn Ihr BASIC keinen hat, verwenden Sie die Befehlsfolge 900 bis 950 als zufallbringendes Unterprogramm. Es sorgt mit dem Befehl 900 dafür, daß der Zufallsgenerator nicht zu Nullen entartet (was passieren würde, wenn man die Zahl Q fortgesetzt mit sich selbst multiplizierte). Die Befehlszeile 920 schiebt die ersten 5 Stellen von Q vor den Dezimalpunkt. 930 macht dasselbe mit den ersten 4 Stellen und hängt an diese noch eine Null. Ist etwa Q=0.4246342533, so ist nach Befehl 920 R=42463.00. Nach Befehl 930 hat S den Wert 42460.00. Macht man daraus in 940 N=R–S, so ist

N=42463–42460 = 3

Man hat also die sechste Ziffer, die 3, aus Q herausgeschnitten. Das ist unsere Zufallszahl. Allerdings: wenn man immer mit demselben Q beginnt, bekommt man für jeden Programmlauf immer die gleiche Zufallszahlenfolge aus dem Generator. Dies verhindert man, indem der Benutzer aufgefordert wird (Zeile 030), eine Zahl zwischen 0 und 0.3 einzugeben.

Einige Testdaten

Hier sind einige Daten mit ihren Ergebnissen, die Ihnen das Austesten erleichtern. Für T wird 0 eingegeben. Daraus ergibt sich die erste Zufallszahl als Ratezahl: Z=10. Man muß also 10 erraten:

Durchlauf K	Zufall N	Kommentar (Ausgabe)	Eingabe G	G?Z
1	7	K08	50	größer
2	6	K07	25	größer
3	4	K05	12	größer
4	6	K07	6	kleiner
5	7	K08	9	kleiner
6	9	K10	10	gleich
gewonnen	1	K12	neues	Spiel?

Ein elektronisches Telefonbuch

Fast jeder Mensch hat irgendwo eine Sammlung von Telefonnummern gespeichert. Zum Beispiel hinten im Taschenkalender.
Speichern und Suchen ist eine der besten Fähigkeiten eines Computers. Also muß er auch in der Lage sein, unser Telefonbuch zu führen. Auf diesen zwei Seiten finden Sie ein halbes Dutzend kleiner Programme, fein zu einem Programmpaket zusammengeschnürt. Sie sind ein elektronisches Telefonverzeichnis. Wir haben das Programmpaket bewußt klein gehalten, damit man es auch auf einem BASIC-Taschenrechner abwickeln kann, selbst wenn der nur zehn Namen und Telefonnummern speichern und verwalten kann.

Ein Programmpaket kommt zustande, weil man ja nicht nur nach einer Telefonnummer oder einem Namen fragt, sondern das Register auch pflegen muß, indem man Namen und Nummern herausnimmt, ändert oder neu einfügt. Wer sein Telefonverzeichnis auch auf Papier drucken will, findet dafür ebenfalls ein Programm; er braucht nur einen Drucker.

Das Programmpaket
Unser Programm arbeitet mit einem Datenbereich, der den Namen A$ und die Länge 20 hat. Wir speichern sowohl Namen als auch Nummern alphanumerisch. Die maximale Feldlänge ist 7, so daß kein Name und keine Nummer mehr als sieben Zeichen haben können.
Von A$ (1) bis A$ (10) stehen die Namen, von A(11) bis A (20) die entsprechenden Nummern. In nicht belegten Namenfeldern stehen lauter Z, im entsprechenden Nummernfeld lauter Ziffern 9. Dies vergrößert die Sicherheit, daß ein Feld nicht versehentlich unbelegt blieb.
Es gibt folgende Programme:

- I – Auskunft über das System.
- II – Zu einem gegebenen Namen die Telefonnummer suchen.
- III – Zu einer gegebenen Nummer den Namen suchen.
- IV – Neue Nummer eintragen.
- V – Bestehende Eintragung löschen.
- VI – Alle Namen und Nummern ausdrucken.
- VII – Grundstellung des Datenbereichs. Alle Namensfelder werden mit ZZZZZZZ, alle Nummernfelder mit 9999999 belegt.

Die Technik des Suchens
Die Art, wie unsere Programme hier suchen, ist sehr schlicht. Sie besteht darin, daß man jedes Element mit dem Suchbegriff auf GLEICH prüft, bis man Erfolg hat. Beim Suchen unter zehn Elementen braucht man bei dieser Technik im Durchschnitt fünf Suchschritte. Dieses Aufsuchen läßt sich in BASIC mit einer FOR-Schleife programmieren. Will man suchen, in welcher Position von A$ der Wert X$ vorkommt, so heißt das Suchprogramm

```
120 FOR Z=1 TO 10
130 IF X$ = A$ (Z) THEN 180
140 NEXT Z
150 PRINT »KOMMT NICHT VOR«
170 STOP
180 PRINT A$ (Z) (gefunden!)
```

Der Schleifenzähler Z ist zugleich die Position in der Suchtabelle.
Die Tabelle, in der wir suchen, muß – im Gegensatz zu anspruchsvolleren und schnelleren Suchprogrammen – nicht geordnet sein. Sind die Werte in der Tabelle nach dem Alphabet sortiert, kann man wesentlich schneller suchen.

Wie lang ist die Tabelle?
Unsere Tabelle ist immer gleichlang. Man kann auch in einer Tabelle suchen, deren Länge unbekannt ist. Dann wird vereinbart, daß sie mit einem Endekennzeichen – beispielsweise AAAAAAA im letzten Feld – abgeschlossen sein muß. Unser Suchprogramm muß dann den Schleifenzähler selbst verwalten. Er heißt wieder Z, wird zuerst auf Eins gesetzt und bei jedem Durchlauf um 1 erhöht:

```
900 Z=1
910 IF A$ (Z)=
    »AAAAAAA« THEN
    950 (Ende?)
920 IF A$ (Z)=X$ THEN
    970 (gefunden?)
930 Z=Z+1
940 GOTO 910
950 PRINT »NICHT VOR-
    HANDEN!« (Ende!)
960 STOP
970 PRINT A$ (Z) (gefun-
    den!)
```

Programm I

```
005 REM »WAS KANN DAS PROGRAMM?«
010 PRINT »GEGEBEN NAME GESUCHT NUMMER –
    RUN 100«
020 PRINT »GEGEBEN NUMMER GESUCHT NAME –
    RUN 200«
030 PRINT »EINTRAGUNG MACHEN – RUN 300«
040 PRINT »EINTRAGUNG LOESCHEN – RUN 400«
050 PRINT »TELEFONVERZEICHNIS – RUN 500«
060 PRINT »GRUNDZUSTAND – RUN 600«
070 STOP
```

Programm II

```
099  REM »GESUCHT NUMMER – GEGEBEN
     NAME«
100  INPUT »BITTE NAME EINGEBEN«;X$
110  PRINT »NAME IST«X$
120  FOR Z=1 TO 10
130  IF X$=A$(Z) THEN 180
140  NEXT Z
150  PRINT »NAME «;X$;« UNBEKANNT«
160  PRINT »STARTEN SIE NEU«
170  STOP
180  Z=Z+10
181  PRINT »NUMMER IST «;A$(Z)
190  STOP
```

Programm III

```
199 REM »GEGEBEN NUMMER – GESUCHT NAME«
200 INPUT »BITTE NUMMER EINGEBEN«;Y$
210 PRINT »NUMMER IST«;Y$
220 FOR Z=1 TO 10
230 W=Z+10
235 IF Y$=A$(W) THEN 280
240 NEXT Z
250 PRINT »NUMMER «;Y$;« UNBEKANNT«
260 PRINT »STARTEN SIE NEU«
270 STOP
280 PRINT »NAME IST«;A$(Z)
290 STOP
```

Programm IV

```
299 REM »NEUE EINTRAGUNG«
300 PRINT »HOFFENTLICH IST NOCH PLATZ«
310 FOR Z=1 TO 10
320 IF A$(Z)=»ZZZZZZZ« THEN 350
330 NEXT Z
340 PRINT »VERZEICHNIS LEIDER VOLL«
345 STOP
350 INPUT »NAME IST «;A$(Z)
355 Z=Z+10
360 INPUT »NUMMER IST «;A$(Z)
370 STOP
```

Programm V

```
399 REM »NUMMER LOESCHEN«
400 PRINT »ES SOLL GELOESCHT WERDEN«
410 INPUT »BITTE NAME EINGEBEN«;X$
420 FOR Z=1 TO 10
430 IF A$(Z)=X$ THEN 460
440 NEXT Z
450 PRINT »NAME KOMMT NICHT VOR «;X$
455 STOP
460 W=Z+10
465 PRINT A$(Z);» «;A$(W);»GELOESCHT«
470 A$(Z)=»ZZZZZZZ«
480 A$(W)=»9999999«
490 STOP
```

Programm VI

```
499 REM »TELEFONVERZEICHNIS«
500 PRINT »TELEFONVERZEICHNIS«
510 FOR Z=1 TO 10
515 IF A$(Z)=»ZZZZZZZ« THEN 530
520 PRINT A$(Z)
521 W=Z+10
522 PRINT A$(W)
530 NEXT Z
540 PRINT »ENDE«
550 STOP
```

Programm VII

```
599 REM »VERZEICHNIS LOESCHEN«
600 PRINT »VERZEICHNIS LOESCHEN«
610 FOR Z=1 TO 10
620 A$(Z) = »ZZZZZZZ«
630 A$(Z+10) = »9999999«
640 NEXT Z
645 PRINT »GELOESCHT«
650 STOP
```

Programm I – »Was kann das Programm?«

Die sechs Druckbefehle zwischen den Zeilen 005 und 070 helfen, wenn man nicht mehr weiß, welches Programm man wie zum Laufen bringt. Eine solche Einrichtung heißt bei großen Computern HELP oder HILFE. Hier braucht man nur das entsprechende RUN zu tippen.

Programm II – »Gesucht Nummer«

Es bekommt einen Namen (100) und gibt ihn zur Sicherheit wieder (110). Die Zeilen 120, 130 und 140 sind die Suchschleife: Sie suchen, ob der eingegebene Name in einem der Felder A$(1) bis A$(10) steht. Wenn nicht, so wird dies bekanntgegeben (150) und gestoppt (170).

Progamm III – »Gesucht Name«

Es funktioniert ähnlich wie Programm II. Als Y$ wird die Telefonnummer verlangt. Sie wird im zweiten Teil von A$ zwischen den Positionen 11 und 20 gesucht. Das Programm druckt, wenn es die Nummer nicht findet, einen Kommentar. Sonst gibt es die Nummer bekannt, deren Position im Schleifenzähler steht (Z). Gesucht wird also mit Z+10, ausgegeben aus A$(Z).

Programm IV – »Neue Eintragung«

In 300 warnt das Programm vorsorglich und sucht dann, ob es einen freien Platz gibt. Es nimmt das erstbeste Feld mit der Eintragung ZZZZZZZ. Ist das Register voll, wird das in 340 mitgeteilt. Sonst fordert das Programm in 350 einen Namen und in 360 die dazugehörige Telefonnummer. Der Name geht nach A$(Z), die Nummer steht 10 Positionen weiter in A$(Z+10).

Programm V – »Nummer löschen«

Es sucht über den Namen die Position, die gelöscht werden soll, überschreibt den Namen mit ZZZZZZZ und die Nummer mit 7777777.

Programm VI – »Telefonverzeichnis«

Es dient zum Drucken des Verzeichnisses und unterscheidet mit einem IF in Zeile 515, ob ein Eintrag da ist oder nicht. So druckt es sinnvollerweise nur richtige Eintragungen.

Programm VII – »Verzeichnis löschen«

Man braucht es nur, wenn man zum erstenmal ein Register speichert, ruft es also nur einmal vor der allerersten Eintragung auf. Es garantiert, daß alle andern Programme nur Vereinbartes antreffen und nicht zu Unsinn verleitet werden. Alle Felder A$ (1) bis A$ (10) werden mit ZZZZZZZ, alle Felder A$ (11) bis A$ (20) mit 9999999 belegt. Jetzt herrscht Ordnung.

Testen ist kein Problem

Wenn Sie das gesamte Programmpaket eingetippt haben, beginnen Sie auf jeden Fall mit dem Austesten von Programm VII. Notfalls stellen Sie durch Nachsehen sicher, daß wenigstens die ZZZZZZZ-Werte in A$ (1) bis A$ (10) stehen. Danach testen Sie, ob das Druckprogramm VI funktioniert. Wenn es korrekt läuft, druckt es nur »TELEFONVERZEICHNIS« und dann »ENDE«. Jetzt kommt Programm IV dran, das Eintragungsprogramm. Wenn es funktioniert, können Sie Namen und Nummern eingeben und mit Programm VI prüfen, was angekommen ist.
Kann Ihr Computer mehr als sieben Zeichen je Alphabet speichern, so erweitern Sie sinnvollerweise die Zeilen 320, 470, 480, 515, 620 und 630 entsprechend. Wieviele Stellen Ihr BASIC schafft, steht im Handbuch.
Prüfen Sie dort auch, ob Sie A$ über 10 hinaus vergrößern können! Es richtet sich danach, ob Ihr BASIC die Funktion DIM hat, mit der man größere Bereiche definieren und dann auch benutzen kann.
Alle Programme müssen in beiden Fällen funktionieren – ob A$ ganz oder nur teilweise in Anspruch genommen wird.

Die Telefon-Vorwahl

Mit den sieben vorgesehenen Telefon-Ziffern kommt man im Ortsverkehr meist aus. Wenn Sie auch Vorwahlen speichern wollen, müssen Sie A$ um weitere zehn Positionen erweitern, damit von A$ (21) bis A$ (30) jeweils die Ortskennzahl gespeichert werden kann. Dieses in das Paket einzuziehen, erfordert Umsicht, ist aber eine gute Übung, mit der Sie lernen, ein Programmpaket zu ändern. Die Änderung zieht sich durch alle Programme und betrifft auch Programm VII.

Der Computer errät Zahlen

Auf den Seiten 14 und 15 bestand das Problem darin, eine vom Computer vorgegebene Zufallszahl zu erraten. Wir haben gezeigt, wie man die einzelnen Stufen dieses Ratespiels originell und unerwartet kommentieren kann. Jetzt ist das Problem umgekehrt: Der Computer errät jede von Ihnen vorgegebene Zahl zwischen 1 und 127 mit weniger als acht Fragen. Spätestens mit der siebten Frage hat er's. Natürlich ist er darauf angewiesen, daß Sie sich fair verhalten und bei Ihrer ursprünglichen Zahl bleiben. Das sagt er Ihnen auch.
Hinter dieser Fragerei verbirgt sich etwas Wichtiges. Wenn man weiß, mit wievielen Fragen man eine bestimmte Zahl erraten kann, lassen sich auch die Suchschritte vorhersagen, die man maximal braucht, um in einer Menge oder Tabelle ein ganz bestimmtes Element zu finden. Dies zeigen wir auf der nächsten Doppelseite.

So wird aufgesucht
Wenn es darum geht, eine Zahl zwischen 1 und 3 zu finden, frägt man sicher zuerst einmal nach der Mitte. Ist die Zahl eine 2? Wenn nicht, heißt die nächste Frage: Ist sie größer oder kleiner als 2? Damit ist man schon am Ziel: 1 oder 3 sind kleiner oder größer.
Zahlen zwischen 1 und 7 errät man mit demselben Trick. Zwischen 1 und 7 liegt 4. Ist es 4? Nein? Dann kommt die Frage: größer oder kleiner? Kleiner heißt: zwischen 1 und 3. Das hatten wir schon. Größer heißt: zwischen 5 und 7. Dieses Problem klärt man auch mit maximal zwei Fragen: »gleich 6?« und »größer oder kleiner?« – was zu 5 und 7 führt.
Das klingt kompliziert, ist es aber nicht. Nehmen Sie ein Blatt Papier und schreiben Sie die Zahlen 1 bis 15 untereinander hin! Fangen Sie in der Mitte an, also bei 8, gehen Sie nach oben in die Mitte zwischen 1 und 8, also auf 4, dann wieder in die Mitte – und so weiter. Wieviele Schritte brauchen Sie maximal, um auf diese Weise jede einzelne Zahl zu erreichen? Vier!
Haben Sie 31 Zahlen, sind fünf Schritte nötig, bei 63 sind es sechs.

Wir finden eine Zahl

Wenn man eine bestimmte Zahl zwischen 1 und 127 sucht, braucht man dazu maximal 7 Stufen. Genau in der Mitte zwischen 1 und 127 liegt 64. 64 kann man aufspalten in sechs Schritte: 2×2×2×2×2×2 ist 64. Für jede Zahl, die durch fortgesetzte Multiplikation von 2 mit sich selbst entsteht, gilt: jede neue 2 bedeutet einen Schritt, eine Frage mehr. Gleichzeitig verdoppelt sich die Anzahl der Elemente, nach denen man fragen kann.

Unser Programm nimmt 64 als Mitte zwischen 1 und 127. Bei »kleiner« nimmt es die Hälfte von 64 als neue Mitte. Bei »größer« addiert es zu 64 die Hälfte von 64 hinzu. Man muß also im ersten Schritt die Hälfte von 64 nehmen und diese dann – je nachdem – dazuaddieren oder subtrahieren.

Nach diesem System arbeitet der Computer weiter, bis er auf GLEICH stößt – spätestens nach sieben Schritten. Oder auch nicht, weil er durch unfaires Spiel hereingelegt wurde.

Das Programm

```
050 REM »DER COMPUTER RAET ZAHLEN«
100 PRINT »BITTE SPIELEN SIE FAIR«
101 PRINT »UND BLEIBEN SIE BEI IHRER ZAHL. «
102 PRINT »ICH HABE VOLLES VERTRAUEN ZU IHNEN. «
103 PRINT »ICH ERRATE MIT MAXIMAL 7 FRAGEN «
104 PRINT »JEDE VON IHNEN AUFGESCHRIEBENE ZAHL«
105 PRINT »ZWISCHEN 1 UND 127.«
110 PRINT »HALTEN SIE IHRE ZAHL FEST. «
111 PRINT »ICH BEGINNE. «
115 PRINT »ALS ANTWORT AUF MEINE ZAHL TIPPEN
    SIE BITTE EIN: «
116 PRINT »R FÜR ERRATEN. «
117 PRINT »G FÜR ZU GROSS, UND «
118 PRINT »K FÜR ZU KLEIN. «
150 P=64
151 N=1
152 F=64
160 PRINT »HEISST DIE ZAHL VIELLEICHT »;P;« ?«
170 PRINT »WAS SAGEN SIE?«
180 INPUT A$
185 PRINT »SIE SAGTEN«;A$
200 IF A$=»R« THEN 260
210 IF A$=»K« THEN 320
220 IF A$=»G« THEN 350
230 PRINT »SIE WOLLTEN FAIR SEIN! «
240 PRINT »GEBEN SIE BITTE KORREKT EIN«
250 GOTO 180
260 PRINT »ICH HABE MIT DER »;N;« FRAGE GEWONNEN:
    KLASSE!«
270 PRINT »NOCH EINE RUNDE? «
271 PRINT »GEBEN SIE JA ODER NEIN EIN: «
280 INPUT »BITTE EINGEBEN«;B$
290 IF B$=»JA« THEN 110
300 PRINT »SIE HAT WOHL DER MUT VERLASSEN. «
310 STOP
320 F=F/2
330 P=P+F
340 GOTO 370
350 F=F/2
360 P=P–F
370 N=N+1
380 IF N=7 THEN 410
385 IF N>=7 THEN 450
390 PRINT »JETZT KOMMT DIE «;N;« RUNDE «
400 GOTO 160
410 PRINT »JETZT MUESSTEN WIR DORT SEIN. «
420 GOTO 160
450 PRINT »ETWAS STIMMT HIER NICHT. «
451 PRINT »ICH GEBS DRAN – MIT IHNEN NICHT. «
460 STOP
```

Ein Spiel heißt NIM

Das NIM-Spiel ist ebenso alt wie einfach. Um es spielen zu können, braucht man zwei Personen und eine Handvoll Streichhölzchen. Vor jedem Spiel einigt man sich, wie groß das Häufchen ist, wieviele Streichhölzer es also sein sollen. Abwechselnd nimmt nun jeder einige Hölzchen weg – mindestens eines. Zu Beginn des Spiels hat man abgemacht, wieviele man höchstens nehmen darf. Wer das letzte Hölzchen nehmen muß, hat verloren. (Dies ist die Version, die wir hier spielen; es gibt auch andere mit zwei oder gar drei Häufchen.)
Das Interessante an diesem Spiel ist, daß man es mit einer Strategie spielen kann, die den, der sie nicht kennt, verlieren läßt – sofern er nicht mogelt. Solch eine Strategie kann man auch programmieren und dann jemand gegen den Computer spielen lassen. Wie ein solches Programm aussieht und wie es funktioniert, steht auf diesen zwei Seiten.

Wir bauen ein Computer-Spiel auf
Bei der Gestaltung eines Computerspiels wird man so viel Komfort wie möglich einbauen, außerdem mit Kommentaren und Überschriften für Abwechslung und Unterhaltung sorgen. Sinnvollerweise gibt der Computer zu Beginn seine Spielregeln bekannt und verlangt die Zahlen oder Angaben, die der Mitspieler liefern muß – hier also die Gesamtzahl der Hölzchen und die Maximalzahl je Griff. Das Programm muß prüfen, ob die Zahlen zusammenpassen oder ob der andere etwas eingibt, was nicht sauber ist. Dann muß man entscheiden, wer den ersten Zug hat. Fairerweise gibt man ihn an den Mitspieler. Dieser verliert sowieso, wenn er die Strategie nicht kennt. Im dritten Teil unseres Programmes, zwischen 199 und 310, zieht der Mitspieler. Zwischen 319 und 480 zieht der Computer. Die Strategie des Computers steht in Zeile 320. Sie deckt einen Fall nicht ab; da ist der Computer verwundbar. Um zu täuschen, arbeitet er mit einer Zufallszahl, die durch einen Zufallsgenerator per Unterprogramm (GOSUB) erzeugt wird.
An allen Stellen, an denen man den Mitspieler beim Mogeln ertappen kann, sollte man mit bissigen Kommentaren nicht geizen.

Die Strategie für den Sieg
Ihr Gegner verliert, wenn er bei seinem vorletzten Zug zwei Hölzchen oder Punkte mehr vorfindet, als er maximal nehmen darf. Nimmt er das Maximum M, so bleiben zwei für Sie. Sie nehmen eines davon – und der andere muß das letzte nehmen. Damit hat er verloren. Nimmt er bei diesem vorletzten Zug nur ein Hölzchen, müssen Sie M Hölzchen nehmen, damit ihm das letzte bleibt.
Was immer der Gegner nimmt: Sie müssen so ausgleichen, daß Sie zusammen M+1 genommen haben. Sie kennen ja die Gesamtmenge S. Das letzte Hölzchen ist für den Gegner; Sie rechnen also mit S–1. Diese Zahl zerlegen Sie in Pakete zu M+1. Nehmen wir an, Sie hätten eine M von 4 und ein S von 22 Hölzchen! S–1 = 21 wird in Pakete zu 5 (M+1) zerlegt. Das gibt vier Päckchen. Ein Hölzchen bleibt übrig. Dieses Hölzchen nehmen Sie, wenn Sie anfangen. Was nun immer der Freund tut – Sie füllen auf 5 auf. Und gewinnen. Mit dieser Strategie müssen Sie rechtzeitig einsetzen. Am besten wirklich gleich zu Anfang, weil es sonst schon zu spät sein könnte (und Sie auch zuviel kopfrechnen müssen). Die Strategie hat dort ein Loch, wo Sie als zweiter am Zug sind und bereits ein um eins größeres Vielfaches von M+1 vorfinden. Wenn der andere das Spiel auch gut kennt, haben Sie Pech. Wenn er nur zufällig die Hölzchen so genommen hat, müssen Sie aufpassen, wann Sie die Führung (mit M+1) übernehmen können. Dann können Sie sogar ausrechnen, nach wievielen Zügen Sie gewonnen haben.

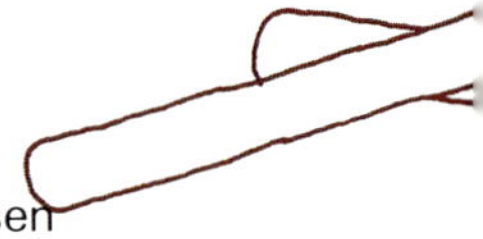

Das Programm

```
*10 REM »DAS NIM-SPIEL«
*11 REM »DER ZUFALLSGENERATOR WIRD GESETZT«
 12 PRINT »GEBEN SIE EINE ZAHL ZWISCHEN 0 UND
    0.3 EIN«
 13 INPUT T
 14 Q=0.3141592654 + T

*19 REM »SPIELREGELN UND SPIELVORBEREITUNG«
*20 PRINT »VON EINEM HAEUFCHEN STEICHHOELZER«
*21 PRINT »NEHMEN SIE UND ICH WENIGSTENS EINES, «
*22 PRINT »MAXIMAL ABER EINE VON IHNEN EINZU-
    GEBENDE «
*23 PRINT »ZAHL WEG. WER DAS LETZTE HOELZCHEN
    NIMMT «
*24 PRINT »HAT VERLOREN. «
*30 PRINT »BITTE EINGEBEN: «
 31 PRINT »WIEVIEL HOELZCHEN HAT DER HAUFEN? «
 32 INPUT »HOELZCHEN «;S
*33 PRINT »HOELZCHEN «;S
 90 IF (S>=20) THEN 120
100 PRINT »SIE SIND WOHL ETWAS LASCH«
120 PRINT »WIEVIEL DARF MAN MAXIMAL NEHMEN? «
130 INPUT »MAXIMUM IST «;M
131 PRINT »MAXIMUM IST «;M
140 IF (M>=2) THEN 170
150 PRINT »DIESER TRICK IST OBERFAUL «
160 GOTO 120
170 IF (S>M+1) THEN 200
180 PRINT »DER HAUFEN SOLLTE GROESSER SEIN«
190 GOTO 30

*199 REM »DER SPIELER SPIELT«
200 PRINT »SIE SIND AM ZUG «
210 INPUT »EINGABE «;Z
220 IF (Z>0) THEN 230
*221 PRINT »SCHAEMEN SOLLTEN SIE SICH. EINEN
    COMPUTER BETRUEGEN WOLLEN. «
222 PRINT »GEBEN SIE ETWAS VON NULL VERSCHIE-
    DENES EIN. «
223 GOTO 200
230 IF (Z<=M) THEN 260
240 PRINT »NA, NA, WER SCHUMMELT DENN DA. «
250 GOTO 200
260 S=S-Z
261 PRINT »SIE HABEN «;Z;« HOELZCHEN EINGEGEBEN «
262 PRINT »DAMIT BLEIBEN «;Z
270 IF (S>=1) THEN 320
280 IF (S=0) THEN 460
290 PRINT »BITTE NACH DEN REGELN SPIELEN. «
300 S=S+Z
310 GOTO 200

319 REM »ES SPIELT DER COMPUTER«
320 Z=(S-1)-INT((S-1)/(M+1))*(M+1)
330 IF (Z<>0) THEN 370
340 IF (M<=S) LET V=M : GOTO 342
341 V=S
342 GOSUB 800
343 IF (N<=V) THEN 346
344 N=N-V
345 GOTO 343
346 Z=N
350 PRINT »SIE MACHEN MIR DAS LEBEN SCHWER«
360 GOTO 380
370 PRINT »GEWINNEN WOLLEN SIE WOHL NICHT! «
380 S=S-Z
390 PRINT »ICH NEHME «;Z;« HOELZCHEN
391 PRINT »DAMIT BLEIBEN «;S;« UEBRIG«
440 IF (S=0) THEN 480
450 GOTO 200
460 PRINT »SIE HABEN SCHLICHT VERLOREN«
470 GOTO 490
480 PRINT »MOEGLICHERWEISE HABEN SIE GEWONNEN«

489 REM »SPIELSCHLUSS«
490 PRINT »NOCH EIN SPIELCHEN?«
491 PRINT »JA=1, NEIN=0 «
500 INPUT »JA=1, NEIN=0 «;E
510 IF (E=1) THEN 30
511 PRINT »DANN EBEN NICHT «
512 STOP

799 REM »DER ZUFALLSGENERATOR «
800 IF (Q<=0.4) LET Q=Q+0.35)
810 Q=Q*Q
820 R=INT(Q*100000)
830 U=INT(Q*10000)*10
840 N=R-U+1
850 RETURN
```

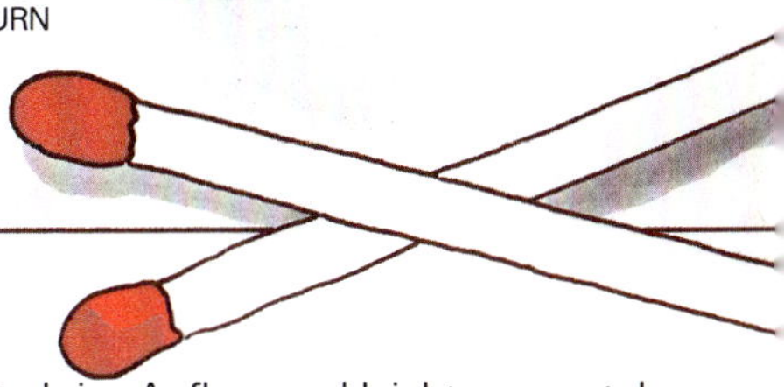

So rechnet man strategisch

Die Strategie unseres Programms ist zwischen den Zeilen 320 und 380 programmiert. Man dividiert S–1 durch M+1 und multipliziert den ganzzahligen Anteil wieder mit M+1. Wenn man das von S–1 abzieht, bleibt die Zahl der Hölzchen, die aufs nächste M+1 fehlt. Daraus wird Z, die Zugzahl. Wenn ein solcher Überhang nicht da ist, also das errechnete Z = 0 ist, wird eine Zufallszahl zur Zugzahl gemacht – zwischen

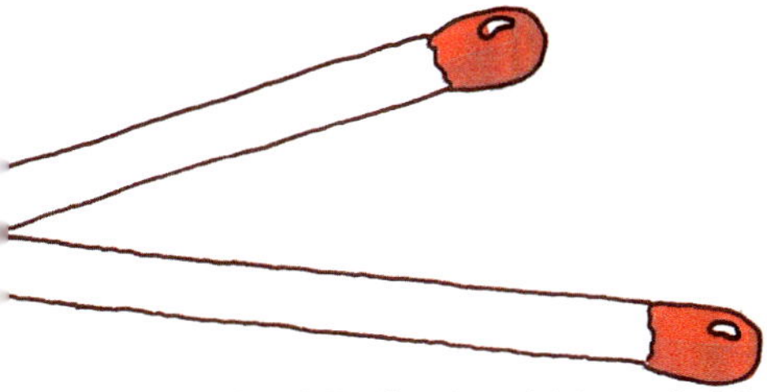

1 und M (oder, falls S schon kleiner als M ist, zwischen 1 und S). Übrigens: wenn man einmal nach 370 kommt und dann keinen Fehler mehr macht, kommt man immer wieder nach 370.

Kommentare zum Programm

Das Programm ist einfach im Aufbau und leicht zu verstehen, wenn man die Strategie begriffen hat, die zugrundeliegt. Bis zur Zeile 14 wird der Zufallsgenerator vorbereitet. Zwischen 19 und 24 stehen die Spielregeln. Dann wird per Eingabe angegeben, wieviele Hölzchen es sein sollen. Diese Zahl heißt S. Sie wird während des Programms ständig bis auf Null heruntergerechnet. M ist die Anzahl der Hölzchen, die man maximal entnehmen darf. Sie wird in 130 angefordert. M=1 wird nicht akzeptiert. Auch schimpft das Programm, wenn S nicht größer ist als M+1.

Zwischen 199 und 310 wird verarbeitet, was der Mitspieler einbringt. Spielt er Null ein, so wird er zurechtgewiesen – ebenso, wenn er mehr nehmen will als vereinbart. Anschließend wird ausgewertet und auch ausgedruckt (260 bis 262). Hat man mehr Hölzchen genommen, als noch da waren, so landet man in Zeile 290; der Zug wird rückgängig gemacht.

Ab Zeile 320 kommt der Computer an die Reihe. Zwischen 490 und 512 wird gefragt, ob weitergespielt werden soll. Und ab 800 steht der Zufallsgenerator.

Der Computer simuliert

Eine wichtige Anwendung des Computers ist die Simulation, das Nachahmen wirklicher Vorgänge. Hier ist solch ein Beispiel programmiert. Es geht um den Straßenverkehr. Unten links sehen Sie den Ablauf. Man fährt von A nach S. Viereckige Kästchen sind freie Wegstücke. Die eingetragenen Zahlen sind die Sekunden für die Fahrt. Ovale Kästchen stehen für eine Ampel. Steht darin 40, so ist die Ampel maximal 40 Sekunden rot. Jede Wartezeit zwischen 0 und 40 ist möglich – je nachdem, wann man zur Ampel kommt. Dann gibt es noch zwei Kreuzungen. M und N geben an, wieviel Prozent der Fahrer abbiegen. Jede Fahrt durch diese Straßen ist anders – wie man das aus der Praxis kennt.

Beim Simulieren werden die Wartezeiten vom Zufallsgenerator bestimmt. Wartezeiten und Fahrzeiten werden addiert. Auch an den Kreuzungen erscheint eine Zufallszahl zwischen 1 und 100. Ist sie kleiner als M oder N, biegt man ab. Sonst geht es geradeaus.
Wichtig ist, daß man sehr viele Fälle ausrechnet und dann den Durchschnitt ermittelt.

Das simulierte Verkehrsgeschehen
Unser Beispiel besteht aus zwei Kreuzungen, sieben Wegstücken mit freier Fahrt zwischen 60 und 290 Sekunden sowie aus sechs Ampeln mit maximalen Wartezeiten zwischen 30 und 80 Sekunden. Die Kreuzungen sind flexibel eingebaut. Man kann angeben, in wieviel Prozent der Fälle verzweigt wird. Jeder individuelle Weg ist eine gesunde Mischung aus Wegstrecken und Wartezeiten. Die kürzeste Zeit beträgt 580 Sekunden, die längste 810 Sekunden.
Der Zufall wird durch einen Zufallsgenerator hergestellt, der als Unterprogramm (GOSUB) pro Aufruf eine ganze Zahl zwischen 00 und 99 produziert, also eine zweistellige Nummer. Muß sie kleiner sein als 40, zieht man so lange 40 ab, bis dies der Fall ist. Dieser Generator ist unter 20 etwas einseitig, weil durch das Abziehen von 40 die Zahlen zwischen 80 und 100 ein Ungleichgewicht bringen. Wen das stört, der muß den Generator so bauen, daß alle Zahlen, die größer als 80 sind, verworfen werden. Das kostet aber Zeit. Da es uns hier nur ums Prinzip der Simulation geht, nehmen wir das Ungleichgewicht in Kauf.

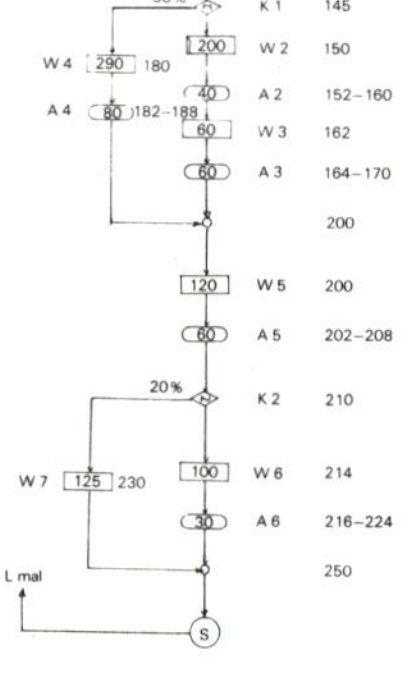

W = Wegstück
A = Ampel
K = Kreuzung

Das Simulationsprogramm
Unser Programm ist nicht kompliziert. Es verlangt die Verzweigungszahlen M und N und es will wissen, wieviel Durchläufe (L) es simulieren soll. Auch verlangt es eine Zahl für den Zufallsgenerator, weil es sonst jedesmal die gleiche Folge an Zufallszahlen ausgibt. Eine Schleife mit dem Zähler K läuft L mal (zwischen 106 und 252). Im Bild links ist durch Zahlen vermerkt, mit welchen Befehlen jede einzelne Stelle programmiert ist und wie die Umwege wieder zusammenlaufen.
Bei einer Simulation muß man wissen, mit welchen Zahlen gearbeitet wurde. Diese Zahlen nennt man in der Fachsprache »Parameter«. Manche dieser Parameter sind fest in das Programm eingebaut. M, N, L und die Zufallssteuerung kann man als Parameter eingeben. Sie werden deshalb jedesmal zusammen mit der durchschnittlichen Fahrzeit ausgedruckt. So kann man viele Fälle vergleichen und zum Beispiel bei den Kreuzungen durch Simulation klären, ob man besser über die ampelfreie Strecke oder aber geradeaus fährt.

Die heuristische Methode
Der alte Grieche Archimedes entdeckte das Prinzip, daß ein Körper im Wasser so viel an Gewicht verliert, wie das Wasser wiegt, das sein Körper verdrängt. Das fiel ihm beim Baden ein. Er war darüber so erfreut, daß er splitternackt auf die Straße rannte und »Heureka!« rief, »ich hab's!«. Deshalb nennt man heute Methoden, die ihre Lösung anschaulich zeigen, heuristisch.
Die Simulation ist eine typisch heuristische Methode. Wie man an unserem Beispiel sieht, ist sie immer eine Kombination zwischen eingebauten Parametern und solchen, die man eingeben kann, nebst einer grundsätzlichen Modellbildung. Macht man M und N zu Null, so ist das Modell kreuzungsfrei. Will man mehr als zwei Kreuzungen, so muß man das in einem andern Modell programmieren.

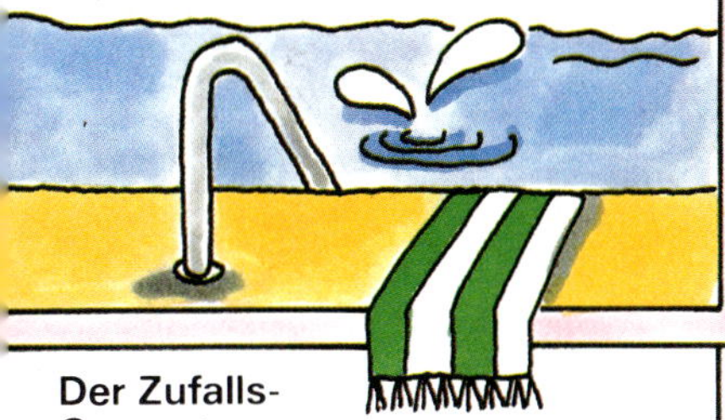

Der Zufalls-Generator
Unser Zufallsgenerator liefert, wenn man den Startwert für Q auf 0.314259621 setzt, die folgenden zehn ersten Werte zwischen 00 und 99:
10 57 56 4 76 37 9 21 64 63
Wenn Ihre eingetippte Version vom

Zufall auch diese Zahlen liefert, dann können Sie damit ausrechnen, was für L=1, also für den ersten Weg durch das Verkehrsgewühl, herauskommen muß. Für M=30, N=20 und L=1 errechnet unser Computer eine Laufzeit von 635 Sekunden.

Simulation und Rechenzeit
Simulationsmodelle sind immer Rechenzeitfresser, weil sie lange Programme haben und auch nicht mit drei Durchläufen zurechtkommen, sondern oft tausende brauchen. Dazu kommen Variationen in den Parametern. Simulationsmodelle sind deshalb eine typische Anwendung für Großtrechner.

Bemerkungen zum Programm
Das Programm hat, wie viele Simulationsprogramme, drei Teile. Im ersten wird es mit den entsprechenden Parametern versehen. Das passiert zwischen 010 und 054. Dazu gehört auch die Organisation der Schleife mit dem Nullsetzen der Zählfelder. K zählt die Umläufe bis L. T summiert die Fahrzeit je Durchlauf, geht also für jedes K wieder auf Null. Und in S werden die T-Werte gesammelt.
Der zweite Teil des Programms ist das eigentliche Modell der Durchläufe. Es liegt zwischen 120 und 250.
Ab 270, im dritten Teil des Programms, wird ausgewertet. L, M, N und X werden gedruckt, ebenso wie die durchschnittliche Fahrzeit S/L. Zwischen 900 und 906 sitzt als Unterprogramm der Zufallsgenerator.
Es liegt nahe, zu fragen, warum wir die Hauptschleife (K/L) nicht mit FOR-NEXT programmiert haben. Der Grund ist, daß unser Computer da ausgestiegen ist – vermutlich, weil wir innerhalb des FOR-NEXT zu oft GOSUB vorgesehen hatten. Deshalb befürchten wir, daß dieses FOR-NEXT auch bei Ihnen nicht funktionieren wird.

Das eigene Modell
Sie könnten bei einem eigenen Verkehrs-Modell auf die Idee kommen, daß auch die Fahrzeit auf den ampelfreien Wegstrecken zufällig schwankt. Um dem gerecht zu werden, brauchen Sie einen weiteren Zufallsgenerator.

Simulation im Test
Simulationsprogramme sind schwer zu testen. Einmal, weil sie mit einem Zufallsgenerator arbeiten, der häufig eingesetzt wird. Zum anderen, weil sie rechenintensiv und umfangreich sind. Am besten ist man dran, wenn man Befehl um Befehl verfolgen kann. Testen Sie zuerst den Zufallsgenerator und notieren Sie die zehn ersten Werte, die er produziert!
Bei unserem Zufallsgenerator erhält man für M=0 (ohne Abbiegen an den Kreuzungen) und X=0 bei einem Durchlauf (L=0) eine Fahrzeit von 635 Sekunden. Entsprechend erhält man für X=0, für M=100, N=0 und L=1 den Wert 687. Der alternative Fall (M=0, N=100, L=1 und X=0) bringt den Wert 651.

Das Programm
```
010 REM »SIMULATION
    VERKEHR«
020 INPUT »WEICHE M «;M
025 PRINT »M = «;M
030 INPUT »WEICHE N «;N
035 PRINT »N= «;N
040 INPUT »LAUFZAHL «;L
045 PRINT »L= «;L
050 PRINT »EINE ZAHL ZWISCHEN
    0 UND .3«
051 INPUT »»Z-STEUER «;X
052 PRINT »Z-STEUER «;X
054 Q=.314159625+X
100 S=0
105 K=0
106 K=K+1
107 IF K>L GOTO 270
120 T=0
130 T=T+100
132 GOSUB 900
134 IF Z<=40 GOTO 140
136 Z=Z–40
138 GOTO 134
140 T=T+Z
145 GOSUB 900
147 IF Z<M GOTO 180
150 T=T+200
152 GOSUB 900
154 IF Z<=40 GOTO 160
156 Z=Z–40
158 GOTO 154
160 T=T+Z
162 T=T+60
164 GOSUB 900
166 IF Z<=60 GOTO 170
168 Z=Z–60
170 T=T+Z
172 GOTO 200
180 T=T+290
182 GOSUB 900
184 IF Z<=80 GOTO 188
186 Z=Z–80
188 T=T+Z
200 T=T+120
202 GOSUB 900
204 IF Z<=60 GOTO 208
206 Z=Z–60
208 T=T+Z
210 GOSUB 900
212 IF Z<N GOTO 230
214 T=T+100
216 GOSUB 900
218 IF Z<=30 GOTO 224
220 Z=Z–30
222 GOTO 218
224 T=T+Z
226 GOTO 250
230 T=T+125
232 GOTO 250
250 S=S+T
252 GOTO 106
270 PRINT »ANZAHL TESTS = «;L
280 PRINT »WEICHE M = «;M
290 PRINT »WEICHE N = «;N
295 PRINT »Z-STEUER = «;X
300 U=S/L
310 PRINT »MITTLERE FAHRZEIT
    IST = «;U
312 PRINT »ENDE TEST«
315 STOP
900 IF Q>=.4 GOTO 902
901 Q=Q+.35
902 Q=Q*Q
903 V=INT(Q*100000)
904 W=INT(Q*1000)*100
905 Z=V–W
906 RETURN
```

Kann man Zahlen sieben?

Die Frage klingt komisch und ist auch eher bildlich gemeint. Es gibt da die Geschichte von einem bösen König, der die Hälfte seiner Untertanen ins Gefängnis gesperrt hatte. Die andere Hälfte brauchte er als Gefängniswärter.
Mit der Zeit wurde dem König klar, daß man so nicht regieren kann. Also beauftragte er seinen Hofmathematiker, ein Verfahren zu ersinnen, nach dem einige Untertanen freigelassen werden sollten.
Der Hofmathematiker entwickelte folgendes Verfahren:
Jeder Gefangene hat eine Zelle. Diese Zellen sind fortlaufend durchnumeriert. Der erste Wärter öffnet alle Türen. Der zweite befaßt sich mit jeder zweiten Tür – mit Tür 2, 4, 6 und so weiter. Ist sie offen, wird sie zugemacht. Ist sie zu, wird sie aufgemacht. Der dritte Wärter beginnt bei der dritten Tür und behandelt weiterhin jede dritte Türe – und so weiter. Welche Nummern haben die Türen, die am Schluß offen sind – damit man die Gefangenen entläßt?
Wenn man das ganze Verfahren ein Sieb nennt, so ist die Frage: welche Zahlen bleiben im Sieb?

Das elektronische Computersieb
Wenn man die Geschichte mit dem Zahlensieb auf den Computer bringen will, muß man dazu ein Modell entwickeln. Wir brauchen eine geeignete Darstellung für das Gefängnis, und wir müssen in der Lage sein, das Verfahren mit den Türen nachzuahmen.
Am einfachsten nehmen wir für jede Tür eine Variable. Wir speichern dort eine Null, wenn die Tür zu ist, und eine Eins, wenn sie geöffnet ist.
Noch besser ist es, wenn wir mit einem »Zahlenbereich« arbeiten. Der besteht aus mehreren Variablen, die einen gemeinsamen Namen haben. Meint man die Variablenummer im Bereich A, so schreibt man A (24). 24 ist ein »Index«; man sagt, die Variablen werden »indiziert«.
Wir eröffnen also für unser Programm einen solchen Zahlenbereich, nachdem wir zuerst mit Hilfe eines Befehls INPUT seine Länge angegeben haben. Ist diese Zahl B, so hat unser Gefängnis B Zellen und B Wärter.
Mit einer FOR-Schleife bearbeiten wir nun den Zahlenbereich, machen aus Einsen Nullen und aus Nullen Einsen, wie es die Idee des Zahlensiebs verlangt. Am Schluß gehen wir wiederum über eine FOR-Schleife über den ganzen Zahlenbereich. Ist ein Wert Null, so gehen wir uninteressiert weiter: die Tür ist zu. Ist er Eins, so drücken wir den Indexwert. Welche Zahlen werden dabei wohl erscheinen?

Ein Programm, das Zahlen siebt
Da wir möglicherweise mehrere Siebe testen wollen, zerlegen wir das Programm in drei Teile. Im ersten wird die Sieblänge B festgelegt. Alle Zahlen im Bereich A, der das Modell für das Gefängnis darstellen soll, werden auf Null gesetzt.
Im zweiten Programmteil wird das eigentliche Sieb programmiert. Wenn wir später andere Siebe programmieren und testen wollen, brauchen wir nur diesen Programmteil auszutauschen.
Im dritten Teil wird ausgewertet. Es ist eine Schleife, die von 1 nach B läuft. Ist A(B)=0, so passiert nichts. Ist A(B)=1, so wird das B gedruckt.
Das Programm wird rechenintensiv, denn es muß sich sehr oft über den Zahlenbereich A hermachen.

Das Sieb des Eratosthenes

Ein alter Grieche namens Eratosthenes (276–194 v. Chr.) erfand ein anderes Sieb. Bei dem werden vom ersten Gefangenen alle Türen geöffnet. Der zweite läßt seine Tür offen und schließt dann jede zweite – und so weiter. Ein Gefangener, dessen eigene Tür noch offen ist, läßt sie offen, schließt aber jede Tür, deren Nummer ein Vielfaches seiner Tür ist. Jeder Gefangene, der seine eigene Tür geschlossen findet, darf gehen. Was dabei herauskommt, kann man fast schon erraten. Offen sind schließlich nur Türen mit Nummern, die man ohne Rest durch 1 oder sich selbst teilen kann. Das sind aber die Primzahlen. Das Sieb des Eratosthenes hält also die Primzahlen fest.

Mit oder ohne DIM?

Der BASIC-Computer, auf dem wir die Programme getestet haben, ist ein Taschenrechner vom Typ SHARP PC 1211. Er hat einen Drucker und beherrscht Original-BASIC – allerdings ohne den praktischen Befehl DIM (»Dimension«). Indizieren kann man nur die Variablen mit dem Namen A – so weit, wie das Programm von hinten her Speicher übrig läßt. Wir benutzen das indizierte A ab Position 11, weil wir ja noch einige andere Variablen im Programm brauchen. Deshalb taucht in den Befehlen 260 und auch an anderen Stellen die Konstante 10 im Indexteil auf.
Ist Ihr Computer aber größer und gut mit RAM-Festspeichern ausgestattet (nebst dem Befehl DIM, der die Dimensionierung im Speicherraum besorgt), dann kann man auch größere Zahlenbereiche indizieren. Bei vielen PC geht das freibleibend bis an den Rand des Speichers, bis also Programm und Daten den ganzen RAM-Bereich belegen.
Meist kann man diese Indizierung ohne Aufwand bis etwa zum Index 10 betreiben. Dann aber muß man dem Prozessor sagen, wie groß der Zahlenbereich sein soll und wie er heißt. Sonst meldet er beim Ablauf des Programmes an ganz unerwünschten Stellen, daß man den zulässigen Speicherbereich überschritten hat, und ist frustriert.

Das Programm für das Sieb des bösen Königs

```
200 REM »DAS Q-SIEB«
210 PRINT »BITTE SIEBLAENGE
    EINGEBEN«
220 INPUT »SIEBLAENGE«;B
230 PRINT »LAENGE IST «;B
250 FOR C=1 TO B
260 A(C+10)=0
270 NEXT C
300 FOR C=1 TO B
310 D=1
315 E=D*C+10
320 IF A(E)=0 LET A(E)=1
    GOTO 340
330 A(E)=0
340 D=D+1
350 IF ((D*C−1) > B) THEN 370
360 GOTO 315
370 NEXT C
600 FOR C=1 TO B
610 IF A(C+10)=0 THEN 630
620 PRINT C
630 NEXT C
640 PRINT »ENDE «;B
650 STOP
```

Das Programm für das Sieb des Eratosthenes

```
200 REM »SIEB DES ERA-
    TOSTHENES»
210 PRINT »BITTE SIEBLAENGE
    EINGEBEN«
220 INPUT »SIEBLAENGE«;B
230 PRINT »LAENGE IST «;B
250 FOR C=1 TO B
260 A(C+10)=1
270 NEXT C
300 FOR C=2 TO B
310 IF A(C+10)=0 THEN 370
320 D=2
330 A(C*D+10)=0
340 D=D+1
350 IF ((D*C−1))B) THEN 370
360 GOTO 330
370 NEXT C
600 FOR C=1 TO B
610 IF A(C+10)=0 THEN 630
620 PRINT C
630 NEXT C
640 PRINT »ENDE «;B
650 STOP
```

Das Programm für Herrn Eratosthenes

Spielen Sie zuerst mit dem Sieb des bösen Königs! Es ist dann kein Problem, das zweite Programm in das erste einzupassen. Zur Abwechslung werden hier bereits in der Vorbereitungsphase alle Zellen mit 1 geladen; im Siebteil beginnen wir bei der Tür 2. Sonst unterscheiden sich die Programme nicht; beide sind von relativ einfacher Struktur.

Eratosthenes auf dem Prüfstand

Programme wie die unseren sind eher logisch als rechnerisch. Man muß sie daher besonders sorgfältig austesten. Am besten ist es, man nimmt eine überschaubare Sieblänge, etwa 10, und geht Schritt um Schritt durch das Programm. Hier sind die Testdaten:

Gefangene (Schritte)	Türen = Inhalt von A 1	2	3	4	5	6	7	8	9	10
Anfang:	1	1	1	1	1	1	1	1	1	1
2	1	1	1	0	1	0	1	0	1	0
3	1	1	1	0	1	0	1	0	0	0
4	1	1	1	0	1	0	1	0	0	0
5	1	1	1	0	1	0	1	0	0	0
6	1	1	1	0	1	0	1	0	0	0
7	1	1	1	0	1	0	1	0	0	0

Man lernt aus diesem Testfall, daß sich spätestens ab der Hälfte der Sieblänge nichts mehr ändert. Da das Programm rechenintensiv ist, lohnt es sich, dies zu berücksichtigen.
Für schnelle Denker: Man kann ab der nächsten Zahl nach der Wurzel aus der Sieblänge aufhören!

Des Königs Geheimnis

Das Sieb des bösen Königs liefert die Quadratzahlen zwischen 1 und der Sieblänge. Das ist das ganze Geheimnis des bösen Königs. Zum Testen: Zwischen 1 und 10 liegen die Quadratzahlen 4 und 9. Welche Quadratzahlen liegen zwischen 1 und 100? Und kann Ihr Rechner ermitteln, ob 121 eine Quadratzahl ist?

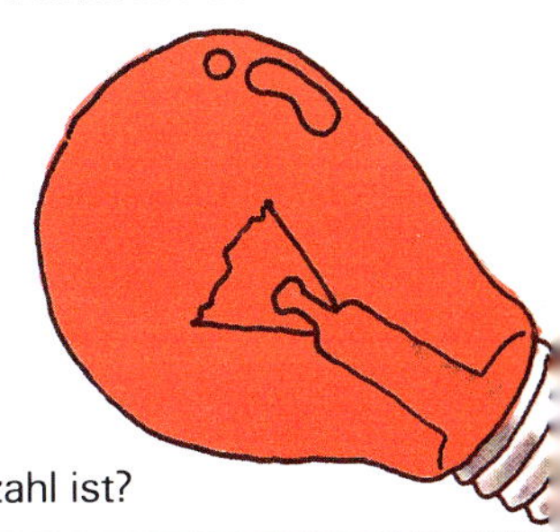

Für die Größeren

Wir haben auch dieses Beispiel vom Programmaufwand her bewußt sehr klein und bescheiden gehalten, weil wir wollten, daß es auch auf einem kleinen BASIC-Rechner läuft. (Das gilt für alle Programme in diesem Buch!) Für Damen oder Herren mit größerem Computer ist das eine ganz große Chance. Allein die Fragen »Ist N eine Primzahl?« oder »Welches ist die nächste Primzahl nach P?« oder »Wieviele Primzahlen schaffe ich mit meinem Rechner?« sind reizvoll und herausfordernd.
Ähnliches gilt für Quadratzahlen.
Hier ist noch eine Denksportaufgabe, die fast unlösbar ist – auch für einen Computer: Welches ist die kleinste durch 13 teilbare Primzahl?

Das magische Quadrat

Ein magisches Quadrat – das ist eine quadratische Anordnung von Zahlen. Ob man die Zahlen in den Spalten oder in den Zeilen oder in den Diagonalen zusammenzählt – immer muß dieselbe Summe herauskommen. Rechts steht ein kleines Beispiel: Spalten, Zeilen und Diagonalen addieren sich immer zu 15. Kann ein Computer ein magisches Quadrat herstellen? Viele Leute würden dazu auf Anhieb »Nein!« sagen. Aber er kann es. Allerdings nur Quadrate mit ungerader Felderzahl – also 9 oder 25 oder 3969 Felder. Wer entdeckt hat, wie man solche magischen Quadrate anlegt, ist nicht bekannt. Aber nachlesen kann man es in einem der Bücher des Rechenmeisters Adam Riese. Der lebte von 1492 bis 1559. Meister Riese hat Regeln für magische Quadrate angegeben, die man programmieren kann.

4	9	2
3	5	7
8	1	6

Rieses Regeln für das Quadrat

(A) Die Konstruktion (es ist ein Quadrat mit ungerader Felderzahl!) beginnt im Element unter der Mitte.

(B) Jedes weitere Element kommt auf den Platz, der eine Position tiefer und um eine Position weiter rechts sitzt – sofern diese Stelle nicht schon besetzt ist. Das ist die Süd-Ost-Regel.

(C) Liegt der zu besetzende Punkt nach der Süd-Ost-Regel unterhalb der Matrix, so ist man zwar in der richtigen Spalte, aber die Zahl gehört in die oberste Zeile dieser Spalte.

(D) Liegt der zu besetzende Punkt nach der Süd-Ost-Regel rechts neben der Matrix, so ist man zwar in der richtigen Zeile, aber die Zahl gehört in die erste Spalte dieser Zeile.

(E) Ist der Platz, der sich nach der Süd-Ost-Regel ergibt, bereits besetzt, so geht man von der besetzten Stelle aus eins nach links und eins nach unten.

(F) Wandert man nach Regel B über die Diagonale aus der Matrix heraus, so geht man in der letzten Spalte in die zweite Zeile von oben.

Diese Regeln stammen von Adam Riese. Sie funktionieren immer.

Das Quadrat im Computer

Um ein magisches Quadrat der Kantenlänge 5 aufbauen und speichern zu können, braucht man 25 Speicherplätze. Im einfachsten Falle speichert man die 25 Zahlen hintereinander. Dann gibt man diesem Zahlenbereich (den man auch »Vektor« nennt) einen Namen – etwa A. Die einzelnen Zahlen bekommt man durch Indizierung. A(17) ist die siebzehnte. Ist N=3, so ist A(N) die dritte Zahl.
Das Programm prüft, ob die Kantenlänge nicht zu groß und die Kantenzahl gerade ist, setzt alle Speicherplätze auf Null und bearbeitet alle sechs Regeln. Das ergibt eine riesige FOR-Schleife von 1 bis E*E.

Mehr zum Programm

Von Anfang des Programms bis zu Zeile 250 wird sichergestellt, daß die in 225 gelesene Kantenlänge kleiner als zehn und ungerade ist. Dann wird zwischen 300 und 325 der Zahlenbereich A mit E+E Nullen gefüllt. Die Adresse jeder einzelnen Stelle wird aus dem Zähler für die Zeilen (I) und dem für die Spalten (C) in 310 als G errechnet. Dabei ist in A eine Quadratzeile nach der andern gespeichert. A(1) ist das Element links oben im Quadrat, A(E✱E) das Element rechts unten.
Zwischen 330 und 530 wird das Quadrat mit den Zahlen 1 bis E✱E gefüllt. Man beginnt nach Regel A im Element direkt unter der Mitte. Das sind die Zeilen 330 und 331. Zwischen 350 und 530 läuft eine große FOR-Schleife mit dem Schleifenzähler F. I zählt erneut die Zeilen, C die Spalten.
Die fünf Regeln B bis F werden durch folgende Befehlszeilen realisiert: Regel B: 415 bis 440, Regel C: 450, Regel D: 490, Regel E: 510 und 515, Regel F: 460 und 470. Zwischen den Programmzeilen 600 und 680 wird das Quadrat zeilenweise ausgedruckt.

DIM und die Matrix

Ein Zahlenquadrat ist der Musterfall für eine Datenanordnung, die man »Matrix« nennt. Sie ist zweidimensional. Größere BASIC-Prozessoren sind auf Matrizenbehandlung eingerichtet. Dazu muß man die Zahlenmatrix allerdings mit dem Befehl DIM anordnen. Hat die Matrix den Namen A, so schreibt man zu Beginn des Programms

```
010  DIM A(5,8)
```

Damit hat man eine Matrix für 5✱8 oder 40 Zahlen definiert. Hat man in M die Zeilen adressiert und in N die Spalten – etwa M=5 und N=8 – so geht auch

```
010  DIM A(M,N).
```

Will man das Element in der dritten Zeile und in der fünften Spalte, so schreibt man A(3,5).

Adam Riese wird getestet

Man muß das Programm, das wiederum mehr logisch als arithmetisch arbeitet, sehr sorgfältig testen. Dazu eignet sich bereits das Quadrat mit der Kante 5. Es hat nach unserem Programm folgende Gestalt:

11	24	7	20	3
4	12	25	8	16
17	5	13	21	9
10	18	1	14	22
23	6	19	2	15

Wenn Ihr Programm dieses Quadrat für die Kantenlänge 5 erzeugt, dann funktioniert es korrekt.

Das Programm

```
 200 REM »MAGISCHE QUADRATE«
 210 PRINT »KANTENLAENGE NUR
     UNGERADE UND KLEINER 10«
 215 INPUT »KANTENLAENGE EINGE-
     BEN«; E
 220 IF E < 10 THEN 235
 225 PRINT »KANTENLAENGE ZU
     GROSS «;E
 230 STOP
 235 I=E-(INT(E/2))✱2
 240 IF I < > 0 THEN 300
 245 PRINT »KANTENZAHL IST
     GERADE «;E
 250 STOP
 300 FOR I=1 TO E
 305 FOR C=1 TO E
*310 G=((N–1)✱E)+C+10
 315 A(G)=0
 320 NEXT C
 325 NEXT I
 330 I=INT(E/2)+2
 331 C=INT(E/2)+1
 350 FOR F=1 TO (E✱E)
*355 G=((I–1)✱E)+C+10
 360 IF I > E THEN 450
 400 IF C > E THEN 490
 410 IF A(G) < > 0 THEN 510
 415 A(G)=F
 420 I=I+1
 430 C=C+1
 440 GOTO 530
 450 IF C < =E LET A=1:GOTO 355
 460 C=E
 470 I=2
 480 GOTO 355
 490 IF I < =E LET C=1:GOTO 355
 500 GOTO 460
 510 I=I+1
 515 C=C–1
 520 GOTO 355
 530 NEXT F
 600 FOR I=1 TO E
 610 FOR C=1 TO E
*620 G=((I–1)✱E+C+10)
 630 PRINT I;« »;C;« »;A(G)
 640 NEXT C
 650 PRINT » «
 660 NEXT I
 670 PRINT »ENDE«
 680 STOP
```

Zum Speichern im Mini-Computer

Unser Programm ist für einen SHARP-Taschenrechner PC 1211 ausgelegt. Der kann 1424 BASIC-Schritte speichern. Was man nicht für das Programm braucht, bleibt zum Zahlenspeichern verfügbar. Jeweils acht Schritte ergeben einen Datenspeicher; davon kann man also so viel in Anspruch nehmen, wie das Programm übrigläßt. Da wir im Programm auch Variable brauchen, haben wir dafür die Namen A bis K reserviert. Damit stehen A(1) bis A(10) zur Datenspeicherung nicht mehr zur Verfügung. Die Speicherung unseres Quadrats beginnt also bei A(11). Deshalb findet sich in den Adressrechnungen für das Indizieren gelegentlich eine 10. Diese Befehle haben in der Programmliste ein Sternchen.
Immerhin hat unser BASIC-Zwerg auf diese Weise noch rund 1000 Speicherstellen frei. Das genügt (da eine Variable acht Speicherplätze braucht) für ein Quadrat der Länge 9 mit 81 Zahlen.

Was kann man sonst noch tun?

Das Druckprogramm zwischen 600 und 680 hat den großen Vorzug, daß es das Quadrat für jede Größe von E drucken kann. Allerdings muß man nachher das Quadrat von Hand in die richtige Form schreiben oder zusammenkleben. Es wäre also vielleicht besser, man würde nicht zeilenweise, sondern spaltenweise drucken. Dies zu programmieren ist nicht schwer.
Man kann aber auch die Zeilen wie Spalten und die Spalten wie Zeilen behandeln, dann erhält man ein magisches Quadrat, das gegenüber dem ursprünglichen nur gespiegelt ist.
Je nachdem, welchen Drucker und/oder Computer man hat, kann man auch das gesamte Quadrat für Kantenlängen bis zu etwa 15 drucken. Wer gerne Druckprogramme schreibt, kann die Zahlen auch noch in Kästchen stellen. Eine weitere Druckversion besteht darin, auf das Papier so viele Spalten zu drucken, wie nur Platz ist, um dann anschließend das gesamte Quadrat aus wenigen Bahnen zusammenzukleben.
Die Zeilen

```
655  H= (E✱E✱E+E)/2
666  PRINT »MAGISCHE ZAHL IST«;H
```

errechnen den magischen Wert des Quadrates.

Vom Leben und vom Sterben

Hier ist ein Problem aus der Biologie: Das Leben und Sterben einer Tierart, also deren Entwicklung. Zum Beispiel leben in einer Periode N Tiere. Ihre Geburtenrate beträgt 25%. Dann kommen in jeder Periode

$$G = 0.25 * N$$

Tiere auf die Welt. Komplizierter ist das Sterben. Weil sich die Tiere gegenseitig behindern, indem sie sich das beschränkt vorhandene Futter wegnehmen, mit Krankheiten anstecken oder gar auffressen, errechnet sich der Prozentsatz der sterbenden Tiere S aus der Anzahl der lebenden Tiere und einem Behinderungsfaktor B:

$$S = 0.1 + B * N$$

Die Anzahl der Toten in der Periode ist

$$T = S * N = (0.1 + B * N) * N$$

Am Ende des Jahres beträgt die Anzahl der Tiere

$$M = N * G - T$$

Was »Periode« bedeutet, hängt von der Tierart ab. Es können Jahre sein, bei Bakterien auch Stunden.

Das Tiermodell

Unser Modell berücksichtigt die Anzahl der Tiere zu Beginn der ersten Periode, den Behinderungsfaktor B und die Anzahl der Perioden, über die gerechnet werden soll. Das Programm berechnet daraus die Zahl M der Tiere am Ende der Periode und geht mit M, nachdem Periodenzahl und Tierzahl ausgedruckt sind, in die nächste Periode. Ändert sich N über zwei Perioden nicht mehr, so bleibt die Population der Tierart konstant. Dann hört das Programm von selbst auf. Geht die Zahl der Tiere unter Null, so druckt das Programm »Tierart ausgestorben«. Das Programm ist nicht kompliziert. Aber es ist nicht ganz leicht, sich ein Gefühl für den Umgang mit B zu verschaffen. Als es noch keine Computer gab, war der Umgang mit solchen Formeln sehr schwierig, weil man die ganze Rechenarbeit von Hand erledigen mußte. Mit dem Computer ist auch in den Naturwissenschaften das Zahlenexperiment üblich geworden.

Das Programm »Tierart«

Das Programm ist relativ unkompliziert. Es dokumentiert sorgfältig wie groß N und B ist. Ohne diese Werte kann man das Ergebnis einer Berechnung nicht verstehen. Wenn man viele Berechnungen durchführt, ist dies noch wichtiger.

Für das Verhalten des Programms (und damit des Modells von der Entwicklung der Tierart, die es nachahmt) sind B und N wichtig. Der Sterbeprozentsatz geht nach der Formel

$$S = 0.1 + B * N$$

Wenn der Tierbestand erhalten bleiben soll, muß S in jedem Fall kleiner als 1 sein, sonst sterben mehr Tiere als vorhanden sind. Damit muß aber B*N kleiner als 0.9 sein; im Grunde sogar beträch lich, damit nicht mehr Tiere sterben, als auf die Welt kommen. Das sind 0.25*N. Ist nun B*N=0.15, dann sterben genausoviel wie auf die Welt kommen. Diesen Tatbestand kann man rechnerisch nur dann einigermaßen in den Griff bekommen, wenn sich B und N nicht verändern. Das ist das Problem.

Für 1000 Tiere muß B in der Gegend von 0.0001 liegen, wenn das Modell Sinn haben soll. Zu 100 Tieren gehört ein B um 0.001, zu 10 Tieren ein B von 0.01. Ein kleines B bei sehr vielen Tieren bedeutet ein rasches Wachstum.

Die stabile Tierart

Eine Zahlenreihe, wie das Programm sie errechnet, kann sich sehr verschieden verhalten. In unserem Falle können die Zahlen entweder größer werden. Dann breitet sich die Tierart aus, aber auch die Sterblichkeit steigt. Die Zahlen können auch abnehmen. Dann fällt gleichzeitig die Sterblichkeit. Möglicherweise nehmen die Zahlen dann wieder zu. Drittens gibt es den Fall, daß die Zahlenreihe stabil wird und sich auf einen festen Wert einpendelt.
Unser Modell neigt zur Stabilisierung. Deshalb hört das Programm auch auf, wenn zweimal hintereinander dieselbe Tierzahl auftritt. Es hört auch auf, wenn keine Tiere mehr da sind.

Das Programm

```
010 REM »ENTWICKLUNG
    EINER TIERART«
020 INPUT »ANZAHL TIERE «;N
025 PRINT »ANZAHL TIERE IST «;N
030 INPUT »BEHINDERUNGSRATE
    «;B
035 PRINT »BEHINDERUNGSRATE
    IST «;B
040 INPUT »ANZAHL PERIODEN
    «;P
045 PRINT »ANZAHL PERIODEN
    IST MAXIMAL «;P
095 M=N
100 FOR K=1 TO P
110 N=M
120 G=.25*N
130 S=.1+B*N
140 T=S*N
150 M=INT(N+G–T)
160 IF M>0 THEN 170
165 PRINT »TIERART AUSGE-
    STORBEN NACH «;K;»
    PERIODEN«
168 GOTO 190
170 PRINT K;» «;M
180 IF N< >M THEN 190
185 PRINT »TIERZAHL STABIL
    NACH ;K;« PERIODEN«
188 K=P
190 NEXT K
200 PRINT »ENDE«
210 STOP
```

Testdaten zur Tierart-Entwicklung

Am besten ist es, wenn man dem Programm – nachdem es sorgfältig eingetippt und überprüft wurde – einfach ein Beispiel zum Rechnen vorgibt. Hier sind Testdaten, die rasch zur Stabilität führen:

Anzahl Tiere 130
Behinderungsrate 0.00105
Anzahl Perioden 25

1. 131
2. 132
3. 133
4. 134
5. 135
6. 136
7. 136

Tierzahl stabil nach 7 Perioden

Was macht man sonst mit dem Modell?

Natürlich kann man in unserem Modell mit der Sterberate und der Geburtenrate variieren. Sie ist bei uns 0.25. Es ist nicht schwer, das Programm so zu öffnen, daß man an Stelle der Tierzahl die Geburtenrate eingibt und zu verstehen versucht, wie das Modell bei anderen Zahlen reagiert. Für den Computerfreund ist es besonders interessant, die errechneten Zahlen für die Veränderungen in der Tierzahl grafisch darzustellen. Dazu braucht man allerdings mehr als einen Taschenrechner. Hier ist ein Beispiel: Zehn Tiere mit einer Behinderung von 0.00105 wachsen in rund 45 Schritten zu 136 Tieren aus und stabilisieren sich dort. Es können aber auch 10 Millionen Bakterien sein, die in Millionenschritten wachsen und in 45 Stunden zu einer festen Kultur von 136 Millionen werden.

Fünfmal unendlich

Unter einer unendlichen Reihe versteht der Mathematiker eine Summe von unendlich vielen Summanden. Hier ist ein Beispiel:

$1 + 1/2 + 1/4 + 1/8 + 1/16 \ldots$

Wer hat so viel Zeit, diese offensichtlich nicht abbrechende Summe auszurechnen? Ein Computer, wenn überhaupt jemand. Kompliziert ist es nicht. Die Reihe zeichnet sich dadurch aus, daß man jedes nächste Glied einfach konstruieren kann, indem man den Vorgänger mit 1/2 multipliziert. Die zweite, wichtige Eigenschaft dieser Reihe ist, daß ihre Glieder abnehmen und immer kleiner werden. Es könnte sein, daß der Beitrag der nachfolgenden Glieder irgendwann so klein wird, daß er keine Rolle mehr spielt.

Solche Reihen nennt man konvergent. Divergente Reihen sind so beschaffen, daß ihre Glieder zwar auch immer kleiner werden, aber doch immer noch Einfluß auf die Gesamtsumme haben. Dann kann man beliebig lange rechnen und bekommt keinen stabilen Summenwert.

Verschiedene Reihen

Bei den unendlichen Reihen gibt es zahllose Versionen. An divergenten Reihen kann man sich zu Tode rechnen. Dann gibt es Reihen, die schnell konvergieren; da muß man nur wenig rechnen. Andere sind langsam; sie verlangen tausende und abertausende Elemente, um zu einem Ergebnis zu kommen.

Die Theorie der Reihen ist schwierig, aber interessant. Wir behandeln hier fünf Reihen, die programmiert sind. Alle liefern Rechenarbeit für den Computer, aber alle können auf dem BASIC-Taschenrechner abgewickelt werden.

So ruft man die fünf Programme auf:

GEO 1 (ab RUN 5) – Geometrische Reihe mit einzugebender Gliederzahl N.

GEO 2 (ab RUN 105) – Geometrische Reihe mit einzugebender Genauigkeitsschranke.

GEO 3 (ab RUN 205) – Harmonische Reihe, die divergiert; mit Anzahl der zu berechnenden Glieder, die aufzuaddieren sind.

GEO 4 (ab RUN 305) – Alternierende harmonische Reihe.

GEO 5 (ab RUN 405) – Hier wird die Zahl Pi errechnet.

Die geometrische Reihe

Die Reihe $S1 = 1+1/2+1/4+1/8+1/16 \ldots$ konvergiert relativ gut. Sie heißt »geometrisch«, weil sie in der Geometrie eine Rolle spielt.

Das Programm GEO 1 errechnet die Summe so vieler Glieder, wie man als Laufzahl N eingibt. Eine FOR-Schleife geht von 1 bis N.

Der Grenzwert dieser Reihe ist 2. Sie gehört zum Problem von des Försters Dackelhund; der springt mit doppelter Geschwindigkeit vom heimwandernden Förster zum Haus und zurück.

Das Programm GEO 2 befaßt sich mit derselben Reihe. Jetzt gibt man aber nicht an, wieviel Glieder zu berechnen sind, sondern man gibt eine Schranke E ein. Wenn der Beitrag der Glieder kleiner wird als E, dann hört das Programm auf.

Die harmonische Reihe
Programm GEO 3 beschäftigt sich mit einer Reihe, die man ihres Aufbaus wegen »harmonisch« nennt:
S2 = 1+1/2+1/3+1/4+1/5 . . .
Sie ist mit RUN 205 für N Glieder aufsummierbar. Diese Reihe ist ein Biest, denn sie divergiert: Je mehr Glieder man zusammenzählt, desto mehr kommt dabei heraus. Alle Programme drucken viel. Wenn Sie das nicht wollen, machen Sie Zeile 235 zur Zeile 242; Ziffer 235 löscht den Druckbefehl. Dann schreiben Sie

```
242 K;» «;S
```

Jetzt wird nur noch am Ende ausgedruckt, also nach N Durchläufen.

Wir errechnen die Kreiszahl Pi
Wenn man von einer unendlichen Reihe weiß, welches so etwa ihr Grenzwert ist, kann man diesen mit Hilfe der Reihe beliebig genau berechnen. Das ist der Sinn von Reihen. Allerdings kommt man mit dem normalen Computer und seinem BASIC über 8 bis 16 Ziffern pro Zahl nicht hinaus. Hier ist die Reihe, die zu Pi führt:
PI = 4∗(1–1/3+1/5–1/7+1/9–1/11 . . .)
Diese Reihe konvergiert sehr schwach, aber sie konvergiert.

Das Programmpaket

```
005 PRINT »RUN GEO1«
010 REM »GEO1«
015 INPUT »LAUFZAHL «;N
020 S=1
025 G=1
030 FOR K=2 TO N
035 PRINT K;» «;S
040 G=G∗.5
045 S=S+G
050 NEXT K
055 PRINT »ENDE«
060 STOP

105 PRINT »RUN GEO2«
110 REM »GEO2«
115 INPUT »SCHRANKE «;E
120 PRINT »SCHRANKE IST «;E
125 S=1
128 N=1
130 G=1
135 G=G∗.5
140 S=S+G
145 IF G < =E GOTO 165
150 N=N+1
155 LPRINT N;» «;S
160 GOTO 135
165 PRINT »ENDE«
170 STOP

205 PRINT »RUN DIVERGENT«
210 REM »DIVERGENT«
215 INPUT »LAUFZAHL«;N
220 S=0
225 FOR K=1 TO N
230 S=S+1/K
235 PRINT K;» «;S
240 NEXT K
245 PRINT »ENDE«
250 STOP

305 PRINT »RUN KONVERGENT«
310 REM »KONVERGENT«
315 INPUT »LAUFZAHL «;N
320 S=0
325 M=–1
330 F=–1
335 FOR K=1 TO N
340 M=M∗F
345 S=S+(M/K)
350 PRINT K;» «;S
355 NEXT K
360 PRINT »ENDE«
365 STOP

405 PRINT »RUN PI«
410 REM »PI«
415 INPUT »LAUFZAHL«;N
420 I=0
425 S=0
430 M=–1
435 F=–1
440 FOR K=1 TO (2∗N) STEP 2
445 I=I+1
450 IF I < =1000 GOTO 465
455 PRINT ((K–1)/2);» «;P
460 I=1
465 F=F∗M
470 G=F∗(1/K)
475 S=S+G
480 P=4∗S
485 NEXT K
490 PRINT »ENDE«
495 STOP
```

Die Testdaten
Diese Testdaten sagen Ihnen, ob Ihr Programm so, wie Sie es eingegeben haben, auch korrekt funktioniert. Da die Programme extrem rechenintensiv sind, muß man sicher sein, daß sie korrekt rechnen.
Hier sind die ersten zehn Werte für das Programm GEO1 (ab RUN 5):

RUN	GEO1
2	1
3	1.5
4	1.75
5	1.875
6	1.9375
7	1.96875
8	1.984375
9	1.992188
10	1.996094

Setzt man die Schranke für das Programm GEO 2 (ab RUN 105) auf E = 0.00001, so bekommt man folgende Ausgabe:

RUN GEO2
Schranke ist .00001

2	1.5
3	1.75
4	1.875
5	1.9375
6	1.96875
7	1.984375
8	1.992188
9	1.996094
10	1.998047
11	1.999024
12	1.999512
13	1.999756
14	1.999878
15	1.999939
16	1.99997
17	1.999985

Hier sind zehn Werte für das Programm der divergenten harmonischen Reihe (ab RUN 205):

RUN	DIVERGENT
1	1
2	1.5
3	1.833333
4	2.083334
5	2.283334
6	2.45
7	2.592857
8	2.717857
9	2.828969
10	2.928969

Die folgenden Werte stammen aus der konvergierenden harmonischen Reihe (ab RUN 305):

RUN	KONVERGENT
1	1
2	.5
3	.8333334
4	.5833334
5	.7833334
6	.6166667
7	.7595238
8	.6345238
9	.745635
10	.6456349

Das Programm ab RUN 405 konvergiert sehr schwach und liefert für jeweils 1000 gerechnete Schritte folgende Werte:

RUN	PI
1000	3.140579
2000	3.14106

Bei so vielen Stellen kann man nicht mehr garantieren, daß jeder Computer auf den letzten Stellen zur selben Ziffernfolge kommt. Das ist eine Frage der internen Genauigkeit.

Harmonisch mit wechselndem Vorzeichen
Zum Programm GEO 4 kommen Sie ab RUN 305. Die Reihe
S3 = 1 – 1/2 + 1/3 – 1/4 + 1/5 – 1/6 . . .
nennt man in Fachkreisen »alternierend harmonisch«. Alternierend bedeutet, daß das Vorzeichen wechselt. Obwohl bei dieser Reihe die Glieder so schwach abnehmen, daß die Reihe divergiert, ist es bei der alternierenden Reihe eben so, daß alles, was zuviel dazuaddiert wurde, durch das wechselnde Vorzeichen wieder gemildert wird. Auch hier lohnt es sich, die Reihe durchzuziehen. Wer einen Computer hat, der hat schließlich auch so viel Rechenzeit, wie er will.
In diesem Programm besteht das Problem darin, jedesmal das Vorzeichen zu wechseln. Dazu werden die zwei Variablen M und F auf –1 gesetzt. In jedem Durchlauf wird M mit F multipliziert und zu M gemacht. Das hat zur Folge, daß M im Programmdurchlauf alterniert und für ein alternierendes Vorzeichen in der Zeile 345 sorgt.

Kann der Computer dichten?

Die Frage, ob ein Computer dichten kann, ist kaum zu entscheiden, solange man nicht weiß, wie das Dichten funktioniert. Text kann ein Computer machen; er kann vor sich hinplappern. Das wird besonders lustig, wenn man den Computer seine »Gedichte« zufällig machen läßt, so daß man nicht vorhersagen kann, was als nächstes kommt. Zufallsgedichte hat man von Computern schon in den fünfziger Jahren verfertigen lassen. Das Rezept ist einfach: Man gibt dem Rechner ein Satzmuster, das nach der Grammatik korrekt ist, und läßt ihn mit einem Zufallsgenerator Wörter aus einem festen Vorrat hineinwürfeln. Ein solches Programm finden Sie hier.

Die Gedichte, die es macht, klingen teilweise recht modern. Hier ist eine Kostprobe:

JEDER MANN IST OFFEN
KEINE FRAU IST LIEB
KEIN WASSER IST TREU
KEINE FRAU IST BUNT
DIE BLUME IST BUNT

Außer »ist« sind alle Wörter gewürfelt, aber das Wort JEDER ist korrekt auf das Geschlecht des Wortes MANN abgestimmt. Deutlich sieht man diese grammatische Korrektheit auch bei KEINE.

Der Satzaufbau
Den Aufbau einer Gedichtzeile sieht man am Beispiel
JEDER MANN IST OFFEN
Im Programm stehen acht Hauptwörter wie MANN, FRAU, GARTEN oder WASSER sowie Eigenschaftswörter wie OFFEN, BUNT oder LIEB. Diese Wörter werden gewürfelt. Dazwischen druckt das Programm das Wort IST. MANN ist der Satzgegenstand, IST OFFEN die Satzaussage. Vor das Hauptwort kann – jeweils mit dem richtigen Geschlecht, – eines der folgenden Wörter gedruckt werden:

0 DER DIE DAS
1 JEDER JEDE JEDES
2 KEIN KEINE KEIN
3 MEIN MEINE MEIN
4 UNSERE UNSER UNSERE

So sieht das Programm aus
Das Programm braucht für die Zufallssteuerung im echten Zufall (siehe Seite 22/23) eine Zahl H zwischen 0 und 0.3. Auch will es wissen, wieviele Zeilen das Gedicht haben soll. Das wird im ersten Teil abgefragt.
Für die Speicherung unseres Lexikons verwenden wir einen Bereich von Zahlen, der den Namen A$ bekommt, weil er Alphadaten speichern muß. Er beginnt bei A$(20), weil noch andere Variable belegt werden. (A$(1) ist A$, A$(2) ist B$ und A$(19) ist T oder T$ – je nachdem, wie man es benutzt.)
Der Bereich endet bei A$(59) und enthält den Sprachschatz unseres Dichters. Zwischen den Befehlen 100 und 145 werden mit kleinen Löchern Wörter fest ins Programm eingebaut. Dann kommt eine große Schleife von 1 bis P, die P Zeilen umfaßt. Darin werden vier Zufallszahlen fabriziert, die anschließend in korrekte Adressen zwischen 20 und 59 umgesetzt werden. Bei den Satzgegenständen (wie MANN) steht jeweils in der Speicherzelle vor dem Wort das korrekte Geschlecht (hier: DER). Wenn ein anderes als dieses Wort gedruckt werden soll, kann man an DER, DIE oder DAS das korrekte Geschlecht erfahren und die richtige Adresse für das korrekte JEDER, KEIN, MEIN oder UNSER ermitteln. Die Zeile wird dann gedruckt.
Schließlich gehört zum Programm ein Zufallsgenerator. Der entfällt, wenn Ihr Computer die Funktion RND hat. Schreibt man

```
080 J=RND
```

so steht anschließend in J eine Zufallszahl, die größer als Null und kleiner als Eins ist und die so viele Stellen hinter dem Dezimalpunkt hat, wie das in diesem BASIC üblich ist. Schreibt man zu Beginn des Programms

```
015 RANDOMIZE
```

so tut man damit etwas Ähnliches wie bei unserer Steuerzahl H. Hier unterscheiden sich die BASIC-Dialekte, aber das Handbuch hilft.

Das Programm

```
010 REM »GEDICHTE«
020 INPUT »Z-STEUER«;H
030 PRINT »Z-STEUER = «;H
040 Q=H+0.314159625
050 INPUT »WIEVIEL ZEILEN? «;P
060 PRINT P;» ZEILEN«

100 A$(20)=»DER«
101 A$(21)=»MANN«
102 A$(22)=»DIE«
103 A$(23)=»FRAU«
104 A$(24)=»DAS«
105 A$(25)=»KIND«
106 A$(26)=»DAS«
107 A$(27)=»HAUS«
108 A$(28)=»DER«
109 A$(29)=»GARTEN«
110 A$(30)=»DIE«
111 A$(31)=»BLUME«
112 A$(32)=»DAS«
113 A$(33)=»WASSER«
114 A$(34)=»DIE«
115 A$(35)=»ERDE«
120 A$(36)=»GUT«
121 A$(37)=»LIEB«
122 A$(38)=»BOESE«
123 A$(39)=»OFFEN«
124 A$(40)=»DABEI«
125 A$(41)=»SCHOEN«
126 A$(42)=»BUNT«
127 A$(43)=»TREU«
130 A$(44)=»JEDER«
131 A$(45)=»JEDE«
132 A$(46)=»JEDES«
133 A$(47)=»KEIN«
134 A$(48)=»KEINE«
135 A$(49)=»KEIN«
136 A$(50)=»MEIN«
137 A$(51)=»MEINE«
138 A$(52)=»MEIN«
139 A$(53)=»UNSER«
140 A$(54)=»UNSERE«
141 A$(55)=»UNSER«
142 A$(56)=»UND«
143 A$(57)=»ODER«
144 A$(58)=»ABER«
145 A$(59)=». «

400 FOR K=1 TO P
410 GOSUB 900
415 IF J>7 GOTO 410
420 B=J*2+20
430 GOSUB 900
435 IF J>7 GOTO 430
440 C=J+36
450 GOSUB 900
460 IF J>3 GOTO 450
490 IF J=0 LET D=B: GOTO 510
500 D=J*3+41
510 GOSUB 900
520 IF J>3 GOTO 510
550 E=J+56
555 IF D=B GOTO 580
560 IF A$(B)=»DIE« LET D=D+1:GOTO 580
570 IF A$(B)= »DAS« LET D=D+2:GOTO 580
580 B=B+1
585 PRINT A$(D);» »;A$(B);« IST »;A$(C);«
    »;A$(E)
590 NEXT K
610 STOP

900 IF Q > = .4 GOTO 902
901 Q=Q+.35
902 Q=Q*Q
903 R=INT(Q*100000)
904 S=INT(Q*10000)*10
905 J=R-S
906 RETURN
```

Die Grammatik des Computers

Die Grammatik, die unser Dichter beherrscht, ist ungemein schlicht. Wer mehr Grammatik programmieren will – und die muß man bei unserem Modell programmieren –, der hat ein Problem, das wir gern ihm überlassen. Wen man beispielsweise zwischen zwei Zeilen – wie bei uns – neben UND, ODER und ABER auch noch WEIL zuläßt, muß man in der zweiten Zeile auch das Wort IST hinter das Prädikat setzen:
JEDE BLUME IST BUNT
WEIL KEIN WASSER GUT IST.
Hier ist ein unendlich breites Betätigungsfeld, den Computer zum Sprechen zu bringen. Der muß aber entsprechend groß sein.

Kommentare zum Dichterprogramm

Das Programm ist relativ einfach gebaut. Nur die Errechnung der Adressen im Wortbereich A$ ist etwas undurchsichtig. Hier muß man studieren.
Es gibt vier Hauptteile:

1) Im Einleitungsteil zwischen 010 und 060 wird der Zufallsgenerator eingestellt (H und Q). Es wird nach der Anzahl der zu erzeugenden Zeile (P) gefragt.
2) Zwischen 100 und 145 wird das Wörterbuch in den Wortbereich A$ geladen.
3) Zwischen 400 und 610 werden die Zufallszahlen in Adressen für die zu benutzenden Wörter im Wörterbuch A$ umgesetzt. Dann werden diese Wörter in der Reihenfolge der Satzstruktur gedruckt (585).
4) Zwischen 900 und 906 steht der Zufallsgenerator als Unterprogramm, das mit GOSUB aufgerufen wird.

Das Programm wird getestet

Das Testen mit Zufall ist nicht ganz leicht – vor allem deshalb, weil wir nicht immer gleich große Zufallszahlen brauchen. Die Hauptwörter in unserem Gedicht verlangen eine Zahl zwischen 0 und 7, manchmal brauchen wir nur eine Ziffer zwischen 0 und 3 – immer aber darf die Zufallszahl einstellig sein.
Das Dichterprogramm ist so angelegt, daß es mit GOSUB 900 eine Zufallsziffer verlangt. Mit IF wird geprüft, ob sie paßt. Paßt sie nicht, so wird eine neue Ziffer verlangt, also auf GOSUB 900 zurückverzweig
Am besten ist es, wenn Sie mit einem kleinen Print-Programm die ersten 30 Zufallszahlen aufrufen, dann den Generator wieder auf seine Ausgangsposition setzen und mit diesen Zahlen testen, ob das Programm aus den Zufallszahlen die korrekten Adressen für das Wörterbuch macht und die richtigen Wörter anbringt.

So wird mehr aus dem Programm

Über die Möglichkeit zur Erweiterung der Grammatik haben wir schon gesprochen. Wenn Ihr Computer groß genug ist, können Sie auch andere Satztypen programmieren und, durch Zufall gesteuert, mal die eine, mal die andere Satzstruktur mit entsprechenden Wörtern aus dem Wörterbuch füllen. Das kann großen Spaß machen.

Reizvoll ist es auch, Wörter zu nehmen, die typisch für einen Dichter sind. Sie werden erstaunt sein, wie stark das den Charakter der Zufallsgedichte beeinflußt. Es ist ein Unterschied, ob Sie mit Wörtern aus einem Krimi würfeln oder mit solchen aus einem Märchen. Wenn Ihr Computer groß genug ist, ist es auch reizvoll, das Wörterbuch recht groß zu machen.
Falls Ihr Computer RND und/oder DIM hat, sollten Sie in jedem Fall darauf umstellen. Bei DIM müssen Sie dies möglicherweise sogar tun. Das ändert dann allerdings auch den Programmteil innerhalb der FOR-Schleife.

So geht man mit Programmen um

Wenn Sie von dem Dutzend Programme in diesem Büchlein auch nur das eine oder andere zum Laufen gebracht haben, es vielleicht sogar noch verbessern oder ausweiten konnten – dann sind Sie um einige Erfahrungen reicher. Eine davon könnte die sein, daß nichts über ein selbstgeschriebenes Programm geht. Da weiß man, woran man ist; man weiß, warum es wie gebaut wurde und man weiß auch, bei wem man sich beklagen muß, wenn es Ärger macht.
Wenn man längere Programme schreibt und zum Laufen bringt, kommt man meist an einen Punkt, wo man sicher ist, daß es besser wäre, alles in den Mülleimer zu werfen und von vorne zu beginnen. Aber wer gibt einem die Garantie, daß es beim nächstenmal besser geht? Auch hat man ja einiges hineingesteckt. Also beißt man sich durch. Aus diesem Grund hat fast jedes Programm kleine Narben, an denen der Profi merkt, daß hier gearbeitet wurde. Mal ist es eine komische Ecke in der Reihenfolge der Zeilennummern, mal sind die Variablen merkwürdig benannt.
Wir haben auch bei unseren Programmen bewußt darauf verzichtet, allem den letzten Schliff zu geben.

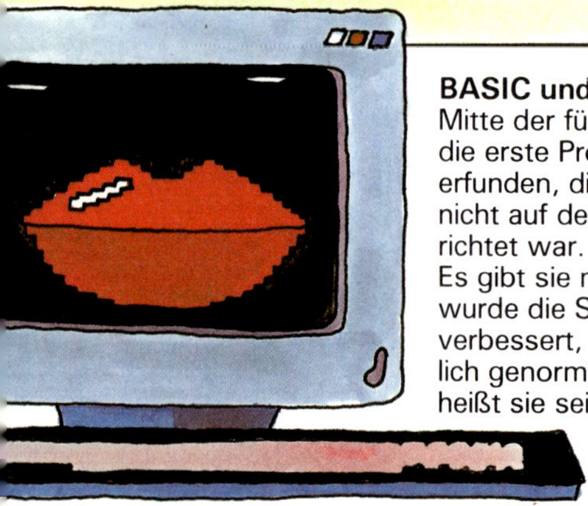

BASIC und seine Dialekte
Mitte der fünfziger Jahre wurde die erste Programmiersprache erfunden, die auf Probleme und nicht auf den Computer ausgerichtet war. Sie heißt FORTRAN. Es gibt sie noch. Allerdings wurde die Sprache mehrfach verbessert, erweitert und schließlich genormt. In dieser Form heißt sie seit Mitte der sechziger Jahre FORTRAN IV. 1965 entwickelte eine Gruppe an einer amerikanischen Universität aus FORTRAN eine weitere Sprache. Sie bekam den Namen BASIC (**B**eginners **A**ll purpose **S**ymbolic **I**nstruction **C**ode – Allzweck-Symbolischer Instruktionscode für Anfänger).
BASIC hat in seiner Grundform zwei Dutzend Befehlswörter, die fast alle aus FORTRAN stammen. Es wird auch von relativ kleinen Computern verstanden. Inzwischen sind im Wildwuchs Erweiterungen entstanden; sie unterscheiden sich oft nur in Kleinigkeiten.
Wer in der Computerei mitmachen will, ist gut beraten, wenn er sich neben BASIC noch eine weitere Programmiersprache aneignet, damit er nicht in den Nachteilen und Schwächen von BASIC steckenbleibt.

Wir suchen BASIC-Unterschiede
Unsere Programme sind in einem sehr elementaren Ur-BASIC geschrieben – ohne viel Aufwand. Aber der eine BASIC-Dialekt will einen Strichpunkt, wo der andere einen Doppelpunkt erwartet. Wenn Sie Ihr Programm eingetippt haben und der Prozessor eine Programmzeile nicht verarbeitet, schreibt er eine Fehlermeldung und notiert die Nummer der Zeile, die ihm nicht gefällt. Manche zeigen das auf dem Bildschirm, andere drucken.
In diesem Falle prüft man die angezeigte Programmzeile Zeichen um Zeichen auf Tippfehler. Gibt es keinen, dann muß man im eigenen BASIC-Handbuch nachschauen, was falsch sein könnte. Hat man eine Dialektabweichung gefunden, so überprüft man zweckmäßigerweise andere Befehle vom selben Typ, ob auch dort die Abweichung auftritt.

IF
Es gibt Fälle, in denen das IF eine andere Struktur hat als unseres. Unser IF hat folgende Formen:
(1) IF Ausdruck 1: Logischer Vergleich, Ausdruck 2: Befehl. Also etwa:
IF B+3 = C GOTO 50
oder IF B+3 = C THEN 50

Programme testen

Wenn Ihr Computer Testhilfen hat – wie DEBUG oder TRACE –, sollten Sie damit arbeiten. »Testhilfe« heißt im Wesentlichen, daß man Befehl um Befehl durch das Programm fährt, nach jedem Befehl nachschaut, was herausgekommen ist, und mit den Testdaten vergleicht.

Hat das Programm INPUT, müssen Sie dieselben Werte eingeben wie wir. Das nennt man DEBUG; es ist amerikanisch und heißt schlicht »entlausen«. Der Computer hat eine Taste, mit der man sich sonst das Programm Befehl um Befehl anschauen kann. Jetzt dient sie dazu, Befehl um Befehl im Handbetrieb durchzuführen. Hat man gedrückt, so wird eine Zeilennummer angezeigt; man kann sich beispielsweise den Inhalt einer Variablen zeigen lassen. (Tippt man DEBUG 100, so beginnt der schrittweise Betrieb bei 100.)

TRACE heißt »Spur«. Wenn ein Computer diese Einrichtung hat, druckt er nach jedem Befehl aus, was er verändert hat – also etwa den Inhalt einer Variablen. TRACE kann man auch so nutzen, daß man an geeigneten Stellen PRINT-Befehle unterbringt, die wichtige Werte ausdrucken. Sobald das Programm läuft, entfernt man diese Zeilen aus dem Programm.

Eines ist sicher: Zum Testen braucht man Köpfchen.

oder IF A=B LET B$B+1
(LET ist hier zwingend!)

(2) $$\text{IF} \begin{Bmatrix} \text{Literal 1} \\ \text{Textvariable 1} \end{Bmatrix} = \begin{Bmatrix} \text{Literal 2} \\ \text{Textvariable 2} \end{Bmatrix}$$

Also etwa:

IF A$ = »ABC«

oder IF A$ = B$

Wenn Ihr Computer diese IF-Version nicht mag, müssen Sie unter Umständen das IF und seine Umgebung anders anlegen.

LET

Manche Prozessoren verlangen, daß vor einer Zuweisung (=) das Wort LET steht. Bei uns kann man LET weglassen, wenn man Speicher sparen will, muß es aber nicht. Wenn man allerdings in einem IF eine Zuweisung trifft, muß LET sein.

DIM

Unser BASIC kennt die Anweisung DIM nicht. Bei ihm kann man grundsätzlich ohne DIM die Variable A indizieren. Wie groß der Index maximal sein darf, hängt davon ab, wieviel Speicher übrigbleibt. Die meisten BASIC verlangen DIM, wenn eine indizierte Variable mehr als zehn Werte aufnehmen soll.

Das Programm ist zu groß

Wenn Ihr Programm nicht in den Speicher paßt, wird es peinlich. Programme in diesem Buch sind auf folgende Speicher abgestimmt:

26 Basisspeicher halten Werte für die Variablennamen A bis Z fest. Sie heißen im Programm entweder A bis Z und/oder A$ bis Z$ und/oder A(1) bis A(26), aber auch A$(1) bis A$(26). Der letzte Basisspeicher kann demnach einen von vier Namen haben: Z, Z$, A(26) oder A$(26).

Ferner kann der Computer 1424 Programmschritte aufnehmen. Ein Programmschritt ist ein Befehlswort. Bei komplizierten Befehlen braucht man mehr Schritte pro Befehlswort.

Im Austausch mit Befehlen kann man Daten speichern – eine Variable statt acht Befehlsworten. Diese flexiblen Speicher ergänzen die Basisspeicher um die Namen A(27) bis A(204) oder A$(27) bis A$(204). (Die Nummer 204 ist Theorie, weil dann kein Programm mehr Platz hat.)

Die Disposition dieser Speicherbelegung besorgt der BASIC-Prozessor selbst.

Ist das Programm zu lang, so muß man auf die Lösung verzichten oder am Programm herumschlachten. Da wirft man beispielsweise erst alle REM hinaus. Dann ersetzt man alle Kommentare und Literale, bei denen das möglich ist, durch Codeworte. Wenn auch das nicht hilft, muß man sehen, ob sich das Programm straffen läßt. Reicht selbst dies nicht aus, so ist zu untersuchen, ob man das Programm in mehrere Teile zerlegen kann, die hintereinander laufen können, so daß die Ausgabe des ersten zur Eingabe eines zweiten Programms wird.

Die am Anfang gezeigte Austauschbarkeit von Programm und Datenspeicher ist bei PC im allgemeinen so gelöst, daß der Prozessor die Disposition übernimmt. Er speichert das Programm von vorne nach hinten und die Daten von hinten nach vorne – oder umgekehrt. Damit man weiß, wie man dran ist, kann man bei unserem Taschencomputer mit dem Kommando MEM (wie »memory« oder »Speicher«) stets abfragen, wieviel vom Speicher belegt ist. Der Computer sagt dann

384 STEPS 48 MEMORIES

Steps sind Befehlsschritte, Memories dazugehörige flexible Speicher.

Die Entwicklung beim Computer geht dahin, daß auch bei den kleineren Geräten immer mehr Speicher verfügbar ist. Viele Computer kann man durch Zusatzplatinen selbst ausbauen.

Das Programm ist zu langsam

Es ist schwierig, Programme zu kürzen. Noch schwieriger ist es, Programme schneller zu machen.

Ist ein Programm sehr träge, so hat man nie die Sicherheit, ob nicht ein Fehler drin ist und es in einer Schleife hängt, aus der es nicht herauskommt. Hier zum Beispiel ist ein Programm, das so lange läuft, bis man ihm den Kragen abdreht:

```
010  REM » DAUERLAUEFER«
020  FOR K=1 TO 10
030  K=K–1
040  NEXT K
```

Wenn Programme, die korrekt sind, langsam laufen, so empfiehlt es sich, die verlangsamenden Teile des Programms zu suchen. Dies tut man mit eingestreuten PRINT, die einem sagen, was das Programm gerade tut, und mit einer Stoppuhr. Zum Beispiel sollte innerhalb einer FOR-NEXT-Schleife wirklich nur das stattfinden, was stattfinden muß, weil es bei jedem Durchlauf wichtig ist.

Zur Sicherheit, daß ein langsam laufendes Programm nicht an seinen eigenen Fehlern arbeitet, lohnt es sich, gelegentlich zu protokollieren, wo es sich befindet. Das macht man mit eingezogenen FOR-NEXT-Schleifen, die immer nach 100 oder 1000 Schritten wichtige Zwischenwerte drucken.

Eine gute Idee

Vielleicht haben Sie in Ihrer Umgebung, im Beruf, in der Nachbarschaft oder gar in der Verwandtschaft Leute, die gerne mit dem Computer arbeiten. Leute, die anstelle einer Pralinenpackung auch mal ein Programm in Empfang nehmen. Es wäre natürlich hilfreich, jetzt zu sagen, daß Sie denen unsere Broschüre schenken sollten. Fast noch besser scheint uns die Idee, daß Sie ihnen eine Diskette oder Kassette spendieren, auf der unsere Programme als Bibliothek gespeichert sind. Sie müssen natürlich auch dokumentieren, wie die Programme aussehen, nachdem sie von Ihnen auf dem eigenen Computer zum Laufen gebracht wurden.

(Daß das Büchlein, in dem Sie gerade lesen, und andere aus der Reihe zum Geschenkpaket dazugehören, versteht sich aus unserer Sicht natürlich von selbst.)

Bibliotheken für Programme
Ein bißchen hatten wir mit diesem kleinen Buch die Absicht, Sie davon zu überzeugen, daß man nicht alles selbst programmieren muß. Andere Leute sind ja auch ganz gut.
Programme kann man kaufen. Meist sind sie teuer und sehr professionell. Es ist, wie wenn man ein Konversationslexikon kauft und eigentlich nur ein Stichwort will. Dieses Büchlein hier liefert Ihnen zwölf Stichworte – und vielleicht die Anregung zu anderen.
Wer viele Programme und den geeigneten Computer hat, legt sich eine Programmbibliothek an. Das sind Disketten oder auch Kassetten, auf denen korrekte und ausgetestete Programme abrufbereit gespeichert sind. Wie man das macht, hängt von Ihrem Computer ab. Jedenfalls ist unsere Empfehlung die, daß Sie alle Programme, die Ihnen in diesem Buch gefallen, in Ihre Programmbibliothek übernehmen.
Eine Bibliothek getesteter Programme erspart Ihnen das Suchen nach Tippfehlern und liefert Ihnen, wann immer sie wollen, ein funktionsfähiges Programm im Computer.

Die Dokumentation
Eine Programmbibliothek sollte kein Programm enthalten, das nicht korrekt ausgetestet ist. Wenn man das nicht einhalten kann, muß dies jeder klar wissen, dem die Bibliothek zugänglich ist. Zu jedem Programm gehören bestimmte Aufzeichnungen, die sagen, was es darstellt und wie man es austesten kann.
Solche Aufzeichnungen nennt man »Dokumentation«. Nichtdokumentierte Programme sind wertlos. Eine gute Dokumentation besteht aus folgenden Angaben:
+ Eine korrekte und dem aktuellen Stand entsprechende Auflistung der Befehle, wie man sie durch das Kommando LIST erhält.
+ Eine Kommentierung des Programms nach den wichtigsten Abschnitten.
+ Anweisungen und Daten, mit deren Hilfe man das Programm testen kann.
+ Angaben, wie man das Programm in den Computer lädt.
+ Angaben und Kommentare, was das Programm eigentlich soll und tut.

Wir haben versucht, diese Broschüre so abzufassen, daß sie eine brauchbare Dokumentation für die Programme darstellt, die sie vermittelt.

Register